遺言適齢期

予防医療と予防相続で
争続は防げる

はじめに

突然ですが、あなたは「遺言書」を書いていますか？

親が「遺言書」をすでに書いているかご存じでしょうか。

その遺言書が「有効」かどうか、確かめたことはありますか？


今日もまた、私はこうした相続争いの相談を受けています。


私は医療系の会社の代表をしています。

この会社はとてもめずらしい（ニッチな）事業をしていて、医療過誤や交通事故後の後遺障害や労災認定などの調査を行っています。

もっと平たく言えば、医療調査、法医学研究所のようなところ（会社？）です。

そこに高齢者の相続で「意思能力®」を問われる相談が驚くほど多く寄せられます。

意思能力®とは、「法律行為をすることの法的な意味を弁識する能力」のことをいい、自己の行為の法的な結果を、理解することができる能力のことをいいます。

意思能力®がないということは、「意思表示をすることによって、どんな結果や効果が自分に帰属するのか」を理解できないということを意味します。

意思能力®を有しないと判断された場合には、その遺言書は無効になります。

高齢者等の不利益を防ぐ制度によって、あなたの遺言が家族間の争いで無効になり認められなくなってしまうことが実際にあるのです。

私が代表を務める「メディカルリサーチ株式会社」では、遺言書が有効かどうかを判断するために必要な調査の一端を担うサービスを行っています。超高齢社会のいま、認知機能が低下した状態で、誰かの誘導で自分の意思に反した遺言書を作成する人も少なくありません。そういう遺言書が発見された御家族からの依頼を受けて、遺言書作成時点に本人にしっかりとした意思と判断力（意思能力®）があったかどうかを各方面の専門医の医学的な見解をもとに、精査しています。このサービスは、経済報道番組である「ワールドビジネスサテライト」でご紹介いただいたこともあります。

これまで、多くのクライアントを通してさまざまな遺言書と向き合っていく中で、「こんなに大事なものなのに、どうして作成に対しての配慮がこんなにも足りないのだろう」と思うようになりました。資産の大小にかかわらず、多くの人が「遺言書を書いておこう」と思うようになった昨今の社会の流れ、動きはとても良いことだと感じています。でもせっかく書くのであれば、それが最後までしっかりと執行されるような準備をしておいていただきたい。そのために知っておくべきことや、意外にもある「遺言書によるリスク」をまとめたのがこの1冊です。その鍵のひとつは「認知症」です。

私は、20代で父親を、40代で母親を見送りました。父は遺言書を遺していませんでした。なぜなら、自身が思うよりもずっと若い50代初めにがんと宣告されて、会社、家族、自身のことを思うと、ほかにするべきことが多すぎて、残された歳月で遺言書を書こうという時間も考えもなかったのだろうと思います。

その頃、私たち3人きょうだいはみんなが20代でした。一番下の弟は大学院に行く予定でした。真ん中の弟は父の会社に入るか迷っていました。私は看護学生でこのまま続けるかどうかとても悩みました。父を亡くし3人共にどうしたらいいのか見つからない答えを求めながらも心細くしている母を父の代わりに守れるようにとそれぞれの決断をしました。

母はこの後まもなくふさぎ込むことが増え、お稽古や外出に行かなくなりました。様子がおかしいと思いながらもきょうだい3人がそれぞれに自立し始めていた時期とも重なり、気づいた頃には病気はどんどんと進んでいきました。若年性アルツハイマーでした。

父も母も私たちに遺したい思いは間違いなくあったはずです。でも遺す時期は慌ただしく流れるときの中に隠れてしまうもの。

父ならどうするのか。母なら何と言ってくれるのか……
私たち3人はその答えをいつもお互いに確認しながら過ごしてきました。

遺言書と関わる事業を始めて10年強。私は遺言書との向き合い方が変わりました。遺言書は、本来は、逝《い》く側が家族に遺す最後の手紙、ラブレターのようなものだと感じています。

旅立った大切な人が遺してくれた手紙、その中の言葉、それを力に、生きていく——。私はそういう愛のある遺言書を一人でも多くの方に作ってほしいと思っています。その1枚のレターが、言葉が、残された家族の心の不安や哀しみや苦しみを抑えるだけでなく、時に諍《いさか》いの防波堤になることもありうるからです。

私は税制や法律のプロではないので、そういった側面の話はできません。ですが、看護師であり多くの相続案件を取り扱い、そして3度の揉《も》めない相続をした経験者として、揉めないための相続への身辺準備を行っておくことの大切さは伝えたい。なぜ人は、転ばぬ先の杖として保険に加入し、病気をしないために健診などの「予防医療」には関心を持つのに、「予防相続」にはこんなにも意識が低いのか。自分のための健康意識は高くもちながら、家族のための「相続意識」は低くていいのでしょうか。超高齢社会で、大認知症時代。有効な遺言書を残すために、「争族を予防する」という心構えを持ってほしいものです。

人一人が亡くなったら、その人が持つ資産の分割協議を行い、そして相続税の納税は10カ月以内に行わなければなりません。その10カ月という期間内には色々なことがあります。通夜、葬儀をはじめ、初七日に四十九日、百か日等など……。悲しみに暮れる中で、それらの法要と、遺産分割という作業や納税や名義変更等の作業を次から次へと、こなしていかなければならないのです。こういう試練の期間こそ、残された家族で力をあわせて行いたいものです。

私はこの本の中で、繰り返し**「コミュニケーション」**という言葉を使っています。行きつくところはそこです。大切な人と、コミュニケーションをとって、相手の思いを推し量り、汲み取り、思いやる。私は、それが生きていく上でとても大切なことだと思っています。遺言書を書く人も書かない人も、家族に「書いてください」と頼もうとしている人も、遺言書があることで、今相続問題で悩んでいる人も、この本を読んでいるすべての人に伝えたいことはお互いに意思の伝達をしておくということです。

ただの憶測の上での思いやりは誤った武器を持つことと同じです。すべては相手を思いやり、理解しようとするコミュニケーションから始まると、強く思っています。

遺言適齢期　目次

第1章　遺言書は家族への最後のラブレター

第2章

【子ども編】親の相続対策を考える

第3章
認知症と遺言書

第4章 人生の棚卸しがうまくできる人は相続で揉めない

第5章 生活習慣病対策で認知症は遠ざけられる

第6章
コレカラのこと

カバーデザイン／山家由希　編集協力／大崎百紀
マンガイラスト／地獄カレー　企画・編集／木田明理
ＤＴＰ／美創

第1章

遺言書は家族への最後のラブレター

のこされた家族が幸せになるために、知っておきたい相続の基礎知識

人は必ず亡くなります。そして金融資産や、不動産、大切にしていた思いの詰まった品々が残ります。残された者たちにはそれらを配分・整理する作業が求められます。それが遺産分割というものです。

ごく簡単にその流れを説明します。

まずは、故人が遺した遺言書があるかを確認します。そして故人の戸籍を調査して、相続人を確定します。相続放棄をする場合は3カ月以内です。遺産の放棄をすれば、借金の放棄もできます。

相続人が確定したら、遺産をどう分けるかの話し合い、「遺産分割協議」を行います。まとまったら、「遺産分割協議書」という書類を作成し、相続人全員が自筆署名、押印《おういん》します。遺産分割協議で意見がまとまらない場合は、家庭裁判所

に「調停《ちょうてい》」を申し立てます。

調停でまとまらない場合は、裁判所に判断を仰ぐ「遺産分割審判」へ移行します。「調停」との違いは、もし反対する相続人がいても審判が確定すると、その通りに従わなくてはいけないという点です。審判の結論に不服があれば、2週間以内ならば即時抗告《そくじこうこく》できます。

また、いきなり民事訴訟に発展する場合もあります。遺言書が無効なのではないか、と主張する「遺言無効確認請求訴訟」などがその最たる例です。せっかく遺された遺言書であっても、たとえば「認知機能の低下などで遺言能力が欠如していたのではないか」とか、「本当に本人の意思なのだろうか」とか、相続人の誰かが遺言書の有効性を突いてくる。そしてその主張が通れば、その遺言書は「無効」である、とされ、遺言書としての意味をなさなくなってしまいます。

本来は故人の思いを遺すものであるための遺言書が、書き方や書くタイミング等などの「不備」によって有効性を問われるというのは残念な話です。

子どもたちのためにと、意を決してせっかく遺言を遺すのであれば、正しく、不備なく、残された子どもたち全員に思いが伝わるように書きたいものです。

また、誰かにそそのかされて書かされたものではなく、自分の意思をもって自ら書き残したものであるということを、「保証」しておくことも必要になってきます。

その方法の一つが、私が率いる「メディカルリサーチ」が提供する「遺言能力（意思能力®鑑定）サービス」なのですがそれは後述するとして、この章では、遺言書を正しく書くために最低限必要な知識をお話しします。

公正証書遺言と自筆証書遺言の違い

皆さんご存じのように、遺言には公証人が作成する**「公正証書遺言」**と遺言者が作成する**「自筆証書遺言」**の2種類があります。厳密にいえばもう一つ、「秘密証書遺言」というのもありますが、あまり一般的ではないのでここでは自筆と公正の2つを説明します。

遺言者が自身の意思を口頭などで伝え、公証人《こうしょうにん》が文章をまとめて作成するのが**「公正証書遺言」**です。法務省が管轄の公的機関である公証役場で、法務大臣から任命された法律の専門家である公証人が作成するため、必要な事項について慎重なチェックがなされ、確実性が高いのが魅力です。

ただ、遺言者本人が公証役場まで出向かないといけないという物理的な負担と(なお、健康上の理由等の特別な事情がある場合は、別途料金がかかりますが、公証人が遺言者のご自宅や入居先施設等へ出張して対応することもあります)、公証人に作成してもらう遺言書の草案について弁護士や司法書士、行政書士等に作成を依頼する場合は専門家への報酬がかかりますし、公証役場への手数料などの費用も発生します。

高齢になって体力も気力も落ちてきた中で、外部を巻き込み、公正役場まで行くのは敷居が高い――、と感じる人も少なくないと思います。しかし公的機関で作成したものであるゆえに偽造や紛失の恐れもなく、「検認《けんにん》」の必要がないというメリットがあります。

一言でいえば、作成のハードルが高いものの、公的機関が関与するので、安全確実な遺言の方法とされているものです。

「自筆証書遺言」は、遺言者が自筆で遺すもので、いつでも好きな時に好きな場所で気軽に作成できるメリットがある一方で、日付が書かれていなかったり、捺印がなかったり、加筆や修正箇所に正しい方法で記入されていなかったりなどで、無効となる可能性があります。また、「公正証書遺言」とは異なり、相続開始後、家庭裁判所による「検認」手続が必要となります。

これは、遺言書の保管者や発見者が家庭裁判所に申し立てを行い、遺言書の形状や署名などを確認してもらい、その後検認済証明書を取得するというものです（ただし、「自筆証書遺言書保管制度」を利用して法務局に保管されていた場合は検認手続は不要とされています）。「遺言書保管制度」を利用すると、自筆証書遺言の紛失や破棄、隠匿、改ざん等の危険を防止することができ、家庭裁判所における「検認」の手続きも不要となります。

簡単に作れるけれど、公正証書遺言に比べて確実性が低いというものです。

どちらが良いかというのは人によって違う意見があって当然だと思いますが、私は公正証書遺言の方が安全だと考えます。法のプロによって作成されますから、すべてにおいて落ち度がないと思えるからです。とはいえ、抜けなくしっかりと作成できるのであれば自筆証書遺言でも問題はないと思います。自筆での遺言は、残された人へのメッセージ性がより強く伝わりますから。

○自筆証書遺言作成の注意

①全文を自筆で書く（財産目録を除く　※財産目録は自書ではなく、パソコンで作った資料を添付する方法で作成することも可能とされていますが、その場合は全ページに署名押印が必要です）

②署名をする

③作成した日付を明記する

④印鑑を押す

⑤訂正のルールを守る

★新しく作成する場合、過去のものは破棄する

○自筆証書遺言に書くべき項目

①遺言者の氏名と住所（※住所は必須ではありません）
②遺言書の作成日（遺言書を書いた日付）
③遺言の内容（分配方法や受取人の詳細）
④遺言執行者の指定（※必須ではない）
⑤署名と押印

遺言書は家族への最後のラブレター

遺言書の付言事項《ふげんじこう》というのを知っていますか？

遺言書に追加できる記載事項のことで、これは、公正証書遺言にも自筆証書遺言にも入れることができます。ただし法的な効力はありません。

「ありがとう、楽しい人生だったよ」と家族への感謝の思いを書く人もいれば、遺言書を書いた経緯や、相続分指定の理由を入れる人もいます。記載内容も、入れるも入れないも、すべて遺言者の自由です。どれだけ書いても問題にはなりません。

たとえば「もしかしたらこの分割に不満があるかもしれない。でもこれは母さんと決めたことなんだ。どうか、きょうだい仲良くやってほしい」とか、「この家を次女に与える理由は、ずっと面倒を看《み》てもらったからなんだ。わかってほしい。介護で時間もお金もかけてごめんな、ありがとう」といった言葉を添えることで、のちの諍いの防止に繋《つな》がることもあります。

ここに添えられた言葉によって、遺言者の思いがダイレクトに伝わり、残された家族が温かい気持ちになれると私は思っています。

たとえもし自分が納得し難いような相続分配が記されていたとしても、付言事項に書かれたメッセージによって納得できるかもしれませんし、付言事項に遺されたそのたった一言が、無機質な遺言書というものに血を通わせるだけでなく、時に争いごとのストッパーになることもあるからです。

私は、遺言書というものは、逝く側が、**残された家族に託す人生最後の手紙、思いのこもったラブレター**のようなものであるべきだと、常々考えています。

人生の最後に自分の思いを託す手紙です。ないより、ある方が絶対にいいと思います。私の両親は遺せませんでしたが、もしあったとして、たとえそこに記されていたのが、(我がきょうだいは3人きょうだいなので）法定相続分の3等分であったとしても、なぜそうなのかとぼんやりと想像するのではなくて、本人の言葉で聞きたいなと思いました。「3きょうだい分け隔てなく」という当然の言葉であったとしても、それは魂になっても親が現実に遺してくれた言葉になります。

言葉が遺ることで、残された家族は生きる力になるというか、気持ちを鎮めることができるというか……。資産の大小にこだわらず、時計とか車とか、大事にしてきた品の数々。死後に遺されるものは沢山あると思います。それら一つひとつを子どもたちの誰に託すか、そしてその理由——。これが記されることで、受け取った子ども側も納得してそれを守ってくれると思います。

ただ、せっかく遺言書を遺すのであれば、それが確固たるメッセージとなるよう、書く側にも十分な配慮が必要です。なるべく心身ともに健康で、判断能力もしっかりとした時に、迷いもない状態で気持ちよく書く。

遺言書が複雑になってくればくるほど、意思能力®が問われます。資産が多く、複雑で、家族関係もややこしいご家庭であれば特に、早い段階で作成すべきだと思います。「いつかできることは今日もできる」。フランスの思想家、ミシェル・ド・モンテーニュの言葉です。

相続トラブルはいかにして起こるのか
〜「囲い込み」に「使い込み」〜

相続トラブルはさまざまです。

私がこの世界に身を置いて驚いたのは、相談事例の多くが――肌感覚として95％以上も！――血縁内のトラブルであるということです。なかにはきょうだい間で4、5年かけて争っているというものもあります。

たとえば、こんなケースもありました。長く長男と同居していた母親がある時から次男と同居をするようになり、長男が母親に会いに行こうとしても次男夫婦によって会わせてもらえない。これを私たちは**「囲い込み」**といいます。

この期間に、母親の遺言書ができている――。遺産相続で揉める家族の特徴です。

この囲い込み事案は全体の30％ぐらいある印象です。

ほかに**「使い込み」**事案もあります。

別のケースで、父親の預貯金が次女によって使い込み（子どもの学費などに使用）されたことに気づいた、父親と同居する長女。なんと、警察に被害届を出しました。父親の通帳記帳をして驚いたのでしょう。当社のサービスを利用したのは、「使い込みではなく、父親が自分の意思で孫たちの学費を払ったという証明をしてほしい」という次女からの依頼でした。我々がその父親に対して、生前の意思能力®判定を行ったところ、意思能力®無効という結果になりました。父親は、自分の通帳の桁《けた》が読めなかったのです。通帳を見せても残高がいくらあるのかがわからず、さらには孫の名前すら言えませんでした。多くの医療機関でも用いられる認知症の検査法である長谷川式認知症スケールにも答えられなかったのです。結果、次女が父親の意思を無視して「使い込んだ」ということを証明することとなってしまいました。

長女が同居していながら、どうやって次女が父親のお金を使い込んだのかまではわかりません。しかしながら、このような状態の父親でも一緒に銀行に行けば、孫の教育資金贈与専用口座が開設できてしまった。こういうことがあるからこそ、通帳も含め金融資産の管理を考え、遺すお金は誰にどう分けるか、意思を早い段階から遺言書で明確にしておくことが何より大事なのです。

いずれにせよ、囲い込まれ、使い込まれる側（遺言者）が、物事を正しく判断あるいは決断できない状態になっているというのが問題です。その典型が「認知症」です。親が認知症になり、その面倒を看てきた子どもが「これだけやったのだから」「自分がこれまで沢山の時間とお金を親に費やしてきたのだから」という一心で、気づけば自分に有利な遺言書を親に書かせるというのは非常に多いケースです。もしかしたらそのようなケースでは、親の方も「あなたには世話になったから多めに貰ってほしい」と言ったからという、至極真っ当な理由があったたのかもしれません。親の気持ちの証だったかもしれません。

しかし、書くのが遅ければ（認知症で認知機能が低下していれば）他のきょうだいに、「あれは認知症の親が書いたから、無効な遺言書だ」「あれは書かされたものだ」と主張して、訴訟を起こされてしまうこともあれば、最悪、負けることもあります。裁判は大変です。いつ終わるかわからない裁判は、経済的にも精神的にも負担が大きく、身内を失った悲しみと重なり、介護していた側にとっては苦しい限りでしょう。

きっかけが介護ではなく、これまでの資金援助の格差というのもあります。他のきょうだいに、経済的な支援（孫への教育費などの支援等など）があったことなどを不服として「私にも貰えたはずだ。同額の権利があるはずだ」と主張し、遺産で多めに貰うためにと親に遺言書を作成させるというものです。他にも一方のきょうだいが親に借金をしていたというケースもあるでしょう。

動機はそれぞれです。まっとうな理由もあれば、そうでもないものもあります。

認知症になった親を「チャンス」とばかりに、そそのかせて自分に有利なものを書かせるというのも残念ながらあります。

書く側は、こうしたよくない誘導を避けるために、早い段階で自分の意思を自分の言葉で遺すしか、争族対策はないのです。

遺言書に保証書を！

ではそういった遺言書が見つかった時に人はどう行動するのか。不利益を被る側の方が弁護士に依頼し「あれは無効だ」と裁判を起こすことがあります。その根拠を立証するには医学的な精査が必要となるために、依頼された弁護士から連絡を受けて、当社が対応します。

当社が行うのは、被相続人の遺言書を書いた時点の判断力（意思能力®）を調べるため医療機関のカルテ（ＭＲＩ画像なども含む）、処方せんの記録（どんな薬剤をどれぐらい飲んでいたか、薬剤の種類や量を変更した時期など）、入院をしていれば、入院中の体調の変化や、様子を記した看護記録などを専門医が精査して、遺言作成を行った前後を中心に医学的知見に沿って判断し、依頼人弁護士へ意見書として提出することです（当社での業務はここまでです）。

もしも、本人の意思で書いた遺言書だったとしても、書いた時点で認知能力が低下していたことが後に判明・確定すれば（子どもたち等によって指摘されれば）、それは無効となってしまう可能性があります。これは被相続人本来の意思が通らず、非常に残念なことでしょう。

こういったトラブルを回避するためにも、遺言書を作成する際には、遺言書を書いた時点での意思能力®があった、ということを各種検査や構造化面談などを通して医師が証明するものを用意しておくことが望ましいのです。

それがまさしく、遺言書の「保証書」代わり。遺言書はあなたの人生における最大の取引。これから遺言書を書こうとされている方にはぜひ、この「保証書」を作ることをお勧めします。

○法定相続分とは

民法で定められた相続割合（財産の分け方）のことを指し、遺言書がない場合や、相続人同士の話し合いでまとまらなかった場合に、遺産を分ける目安になる。

配偶者には常に法定相続分が認められ、配偶者が誰と一緒に相続するかによって法定相続分の割合が異なる。

法定相続人が配偶者のみであればすべて、配偶者と子どもの場合は配偶者に2分の1、子ども側（子ども全員）に2分の1、配偶者と両親の場合は配偶者に3分の2、両親側に3分の1、配偶者ときょうだいの場合は配偶者に4分の3、きょうだい側に4分の1となっている（いずれの場合も、配偶者がいない場合は、子どもだけで等分、両親だけで等分、きょうだいだけで等分の法定相続分となる）。

○遺留分とは

遺留分とは、法定相続人（きょうだい以外）に最低限保証された遺産取得分のこと。

遺言書で指定されている相続分が少なく、遺留分に満たない場合は、遺留分侵害額請求を行うことで、遺留分を侵害した者に対して遺留分に相当する金銭の支払いを要求できる。

たとえば、法定相続人が子ども（長男と次男）のみであったとして、すべての遺産が長男に遺されるような遺言書（いわゆる遺留分侵害事例）があったとしても、次男は長男に対して遺留分侵害額請求ができる。

遺言書が1通も2通も……、さてどうなる？

よくあるケースが、遺言書が後から後から出てきたというものです。

1通、2通と何通も出てきて、それぞれの内容がまったく違っていました。

さてどうなると思いますか？

まず、内容がまったく違うものが出てくるというケース。この多くは子どもたちそれぞれが、自分たちに有利になるような内容の遺言書をその時々親に働きかけて都合の良いように書かせた、というものがほとんどです。たとえば1通目は長女が、2通目は次女が、親に働きかけて作成させた等などです。したたかさ連発です。

発覚した時は大変です。自分に有利な遺言書を「これが有効だ」と子どもたちそれぞれが主張しますから、まさに泥沼。骨肉の争いです。

基本的に遺言書が複数見つかった場合は、日付が新しいものが有効とされます。また、複数の遺言書が見つかっても、それらが矛盾しない内容であれば、いずれも有効とされることもあります。

問題は、遺言書の内容がまったく異なるものが何通も出てくる場合ですよね。その場合は、遺言書のそれぞれの有効性と作成日付を確認して、どれが有効なのかを決めます（どんなに日付が新しいものであっても、残念ながら「無効」とされることもあります）。

ここで争いの火ぶたが切られます。互いに相手の遺言書が「無効である」と主張し合うからです。裁判になることがほとんどです。
無効か有効か、その判断基準は、被相続人が遺言書の作成時にしっかりとした意思や判断力（意思能力®）があったかどうか。認知症や脳血管障害などによってその力が欠如していたと決定づけられれば、その遺言書は無効となります。

これを防ぐには、**新しく遺言書を作成した時、過去に書いたものを捨てることです。**

自筆証書遺言で、自分で管理している場合は、保管場所を忘れてしまうこともあるかもしれません。そういった場合は新しく作成する遺言書に「過去に作成した遺言書は無効」と記載することで、紛失した古い遺言書がもし後から出てきたとしても、新しい遺言書が優先されます。しかし、法的効力はありません。
ただ、新旧の遺言書で矛盾する部分がある場合のみ、新しい遺言書が優先され、矛盾しない部分については、古い遺言書の効力が認められるケースもありますので注意が必要です。不安であれば、弁護士に相談しましょう。

また、同居中の子どもが自分に有利な条件で、「遺言書を作成」してもらうというのも良くあるパターンです。

90代の父が遺した公正証書遺言は無効なのではないか、と次男側から当社に意思能力®鑑定の依頼が入ったケース。これは、長く次男の援助を受けながら、次男の住まいの近くで暮らしていたものの、「必要な生活費を渡してくれない」といった理由で、長女に引き取られたという経緯がありますが、実際のところ、本当に生活費を渡していなかったのかどうかまではわかりかねます。

しかしながら、長女が最後は同居をして、父親が亡くなるまで世話をされたそうです。そしてその間に遺言書が作成されていました。長女に全財産を与えるという、大変偏った遺言書であったために、次男側が不快感と不信感をあらわにしたものです。ご本人の意思だったのか、長女による誘導だったのか、当社はそこには関与しません。遺言書を書いた時点の判断力を現在調べているところです。数年前に認知症の診断を受けていましたが、遺言書の作成の意思能力®があったかどうかは、慎重に情報を集め厳正中立な医学の見解を基に意見書を作成します。

実際のところは、我々にはわからないものです。本当に親を「そそのかして」自分に有利な遺言書を作成するために、一定期間親と一緒に暮らすというあからさまなものもあれば、一緒に暮らしていくうちに、相続人の意思によって作成するパターンもあるからです。

亡くなった方に聞くことができませんから、遺された事実によって、解き明かしていくしかないんです。最後は限りなく事実に近いであろう「想像」で結着するしか、できませんから。

遺言書トラブル事例①

母が他界して程なくして「話がある」と姉が訪ねて来た。
いろいろ忙しくて大変だったけど
最近やっと精神的にも落ち着いてきたわー
彼女と会うのは母の葬儀以来だ。
遺産のことだろう。
そう…
私はまだ不眠気味なの
姉は昔から抜け目ない人だ。
もし母さんが死んだら
これ遺言書
いろいろ世話になったからあなたに全部受け取ってもらいたいの
大したものはないんだけどね…
え？
突然何よ母さん!?
15年以上昔に書かれたものとは言え
母の意思だもんね
母さんが書いた遺言書があってね
4年前の遺言によると…
不動産は私に
預貯金はあなたに…
…ん？
ただ2年前にも遺言書書いてるのよ
不動産も預貯金も
すべての資産を長女である私に…ってね
書いてるところは一応録画してあるの
だってモメたらイヤじゃない(笑)

遺言書トラブル事例①

遺言書がどんどんバージョンダウン!?……ホントにあった嘘みたいな話。

80代で亡くなった母親の遺言書が3つ発見され、次女と長女が法廷で争う羽目に。

被相続人である母親は、亡くなる15年以上前に、ずっと世話になってきた次女に対して、感謝の気持ちとともに、「預貯金や不動産などすべての資産を次女に相続させる」という本来の自分の意思を「遺言書」に遺し、次女にも伝えていた。

しかし！　母親の死後に出てきた遺言書は、それとは違う内容のものだった。しかも2通も発見。その1つが亡くなる4年前のもの。「不動産は長女に、預貯金は次女に」であった。さらにその2年後には「預貯金不動産すべての資産を長女に相続させる」という遺言書だった。

「書き換えられるたびに、バージョンダウンしていった感じ。母の意思とは反す

る内容になっていったんです」（次女）

母親は晩年、認知機能の低下だけでなく、亡くなる4～5年前から病も患い、在宅で投薬治療を受けていた。ほぼ寝たきりの状態。そんな母親の介護と看護を最後に行っていた長女は、亡くなるまでの数年、母親の住まいに同居している。
「同居は狙いだったのか。この遺言書は姉が母にけしかけて、母の意思を無視して書かせたものに違いない」と感じた次女が、2つの遺言書が無効と主張し訴訟を起こした。

亡くなるまでの看護や介護記録や、医師の診察記録（脳の画像など）とともに、係争中。

次女からの情報によれば、2通目と3通目の自筆証書遺言を書いている時の母親の姿を長女は動画で記録しているという――。

圓井から一言

日頃から距離感のあるきょうだい、介護負担の格差が大きいきょうだいの場合は揉めると思った方がいい。

長兄が亡くなった。都内で開業医だった長兄の妻はすでに他界、2人には子がなく、
直近の遺族は故人の妹と弟のみ――
妻の死後、すっかり衰えた長兄との同居と介護にふみきったのは弟だった。
兄さん
年金が入ったから今日はスシでも食べに行こう!
スシは久しぶりだ
おお…
その際長兄は――
私の有する全ての財産
弟である○松×次郎
十四日生）に相続させる
を指定す
――と自筆の遺言書を書いた――
……
なるほど
○一郎兄さんが亡くなる半年前に書いたのね…
×次郎!
こんなの無効よ!
えっ!?
半年前なんて○一郎兄さんはもう半分ボケてたじゃないの!
え!?
×次郎がそそのかして書かせたのね!
え!?
きょうだいなのに半分もらえないのは納得できないから!
法廷で会いましょ!
あわわ…

遺言書トラブル事例②

兄の遺産を巡って高齢きょうだいが最高裁まで進む羽目に……
ホントにあった嘘みたいな話。

子どもがいない資産豊かな開業医。弟と妹の骨肉の争い。

妻と二人で資産を築いてきた元医者の長兄。働き過ぎがたたったのか、70代で脳梗塞に。医院は残念ながら閉院。片麻痺がありながらも軽度であるため日常生活に問題はなく過ごしていたものの、発症後5年も経つと少しずつ認知機能が低下していった。

妻も病に倒れ余命宣告を受けたこともあり、夫婦で弁護士の立ち会いのもと、自筆証書遺言書を作成。妻が存命だったため、妻を優遇する内容。妻への分配の残りは姉と弟に同等に財産分与だった。

しかし、その作成から3カ月も経たずして妻が死亡。本人はうつ傾向になる。

それ以降の世話を献身的に行ったのは弟。

本人の当時の認知症高齢者の日常生活自立度判定基準ではランクⅣ（日常生活に支障をきたす症状や行動、意思の疎通の困難さが頻繁に見られ、常に介護を必要とする状態）の判定。その判定の2カ月後、心配した弟が同居を開始。その時に「すべてを弟に相続させる」という自筆証書遺言書を作成。作成の半年後、長兄は死亡。

遺産を半分貰えると思っていた故人の妹が、亡くなる半年前に作成された遺言に対して「それは無効なのではないか」と提訴。

「いや、それは、本人のしっかりとした意思によるもので作成された」と主張する弟。

男性が亡くなるまでの診療や介護情報（脳画像やカルテなどの医療記録や、介護認定関連の資料、介護記録）をもとに意見書を作成。血管性認知症の症状はあり、さらには妻亡きあとのうつ状態があるもののそれは一時的なものであって、

「亡くなる前の遺言書を作成した時点では、意思能力®を有していた」と結論づけた。

圓井から一言

子どもがいなくとも争族は起きる。遺言書が書き換えられないように、「以降に書かれた遺言書があれば無効」と一言明記しておく！

父が100歳を目前に大往生した――
父さん…
もうすぐ四十九日だね…
父さんから引き継いだ商売は何とか安定させてるよ
姉貴は父さんが死んで少し痩せたけど今は日常に戻りつつあるよ
心配しなくていいよ
息子《マイ・サン》よ…
逝く前に礼を言いたかった
ユーはマイ誇り
ミーの初めての男の子として生まれてきてくれてサンキュー
これからもいつまでも見守っている
……
これからワイフの……ユーのママがいる所へ旅立つ…
だがその前に言っておきたいことがある…
ミーの財産…
半分は2番目のワイフに…
残り半分はユーたち姉弟と
2番目のワイフとの間にできた子と…
愛人の間に生まれた子…
の!
4人で仲良く分けあうこと
ポリポリ
あっワイフがミーを呼んでる!
…って2番目のワイフに頼まれて遺言残してしまった!
あとはヨロシク〜
……

遺言書トラブル事例③

腹違いの子どもが2名登場！　後妻も絡み泥沼化していった……

ホントにあった嘘みたいな話。

100歳目前で亡くなった元経営者。長男と後妻で相続バトル。

50年近く前に亡くなった先妻との間に生まれた長女と長男。会社を継いだ長男は、父の思いとともに、資産も優先的に自分が相続できると思っていたが……。

父親は亡くなる5年前に公正証書遺言を作成。

しかし亡くなる2年前には新たに公正証書遺言が作成されていた。

それによると、後妻に1／2、子ども4人（先妻の子ども二人と、後妻の子ども一人と、内縁関係の女性との間の子ども一人）に1／8ずつ相続させる内容だった。

「いや、その遺言書は無効です」と長男が主張。

調査してみると、亡くなる2年前に作成された時点の男性は脳血管障害を伴うアルツハイマー型認知症でその重症度は「やや高度」であったと、診療記録や介護記録から推定され、「遺言書を書く意思能力®は否定的」と結論づけた。

この遺言書は後妻によって強引に作成されたものだろうと長男は確信。もしその遺言書が有効とされていたならば、会社も引き継ぎ、長く父親を支えてきた長男の4倍の資産を後妻が受け取ることになっていたということを思うと、長男は、恐ろしさすら覚えているという――。

圓井から一言

コミュニケーションが途絶している複雑な家族関係はもちろん揉める。遺言者が信頼しているキーマンとのコミュニケーションをはかっておく。

子どももいなくて、施設暮らし……、さてどうなる？

これまでは主に相続人に子どもがいるケースをお話ししてきました。お子さんがいらっしゃらない方の中には、「うちには子どもがいないから争族とは無縁」と感じている方もいらっしゃるかもしれませんが、そう考えるのは早計です。リスクは色々なところにありますから。

総務省の調査（「身元保証等高齢者サポート事業における消費者保護の推進に関する調査」令和4年8月〜5年7月実施）によれば、身寄りのない高齢者が病院に入院した際や、介護施設に入所する際に「知らず知らずのうちに、贈与《ぞうよ》契約《けいやく》を締結していた」というケースが報告されています。そして、利用者が亡くなった後に親族が無効を主張してトラブルになったというものです。

超高齢社会になり、子どもがいても先に亡くなっていたり、人生の伴侶や子どもがいなかったりで、家族や親族のいない高齢者も一定数いらっしゃいます。世帯主が65歳以上の単独高齢者世帯は2020年の671万7000世帯から2050年には1083万9000世帯になると試算されています。そういう方が医療機関や介護施設に入居する際には、「身元保証」をする人が必要なため身元保障会社に依頼をします。亡くなった後には、葬祭の実施も、預貯金（遺留金）から引き出して依頼したりします。最近よく耳にしませんか？「死後のサービス契約（死後事務委任契約）」というものです。

現状、国にはこれらの身元保証を行う事業者を取り締まる法令も制度もありません。ですから、利用する際にはしっかり契約内容の確認をすることが必要になってきます。

家族や親族がいても、彼らとの関係が疎遠といった理由などから、こういった外部の事業者に相続を含めた死後の手続きの依頼をする方も少なくないと聞きます。遺体の確認から引き取り、葬儀の手配に実施、納骨から遺品の処分、そして遺産分割等など、自分の死後にやるべきことを外部に依頼して、お金で解決するのはメリットも大きいと思います。しかし、それが真っ当に実施されなかったらどうなるでしょう。

大切に守ってきた資産が、身元保証会社に横領《おうりょう》される……、死人に口なし。これればかりはどうにもなりません。

前述した総務省の発表による、利用者から寄附・遺贈《いぞう》をめぐって遺族との間でトラブルになったケースですが、実際に聞いたことがあるのはこういう事例です。施設に入居する際に記入を求められる申込書や同意書などに紛れて、「遺産はすべてNPO法人に寄付する」という資料にサインを求められました。このNPO法人と施設にはそれぞれに関係者がいるなどで癒着《ゆちゃく》構造が認められ、公序良俗に反する契約として無効とする司法判断が出ました。とても信じたくありませんが、2016年、身元保証ビジネスで破綻した某公益財団法人を含め実際にこういう団体や施設が存在しているということは事実です。

本当に本人に、お世話になった施設への感謝の思いから遺贈を決心して、その資金でより良いサービスを今後も提供してほしいという意思があったのであれば別ですが、団体や施設が、認知症ということを利用して、本人をだましてまで遺贈をさせたとなると由々しき事態です。

そうならないためにも、やはり基本中の基本ですが、施設入居前の契約時にはしっかりと契約書や重要事項説明書に目を通し、不安であれば専門家の同席を依頼するなどして、安全な契約を交わすことをお勧めします。

住まいのある地域包括支援センター（以下、包括）の社会福祉士などの専門家に相談するのも良いと思います。包括は施設入居の相談だけでなく、死後の手続きの相談に対しても助言をしてもらえることがあります。よろず相談の場として、足を運んでみても良いと思います。

全国には志高く高齢者に寄り添った介護を行っている介護士や、高い理念を持つ介護施設が沢山あります。また、死後の手続きなどを含めて身元保証を行う誠実な事業者も支援団体もあります。また未来のためにと最期のお金の活かし方をしっかりと考えて、行政や介護施設や医療施設に「遺贈寄付」をするという方もいらっしゃいます。

先ほど触れたような詐欺トラブルは非常に目立ちますが、このような負の側面に目を向けるのではなく、自分の資産をどう生かすか、どう託すのかを前向きに考えていただきたいと思います。

遺贈寄付というのは、社会への恩返しとも取れます。子どもがいない方だけでなく、未来に繋ぐ思いのカタチとして、遺贈を考えるというのも良いと思います。

遺言書トラブル事例④

介護施設に全額寄付……ホントにあった嘘みたいな話。

入居申し込み時に資産を全額寄付する書類に署名されていた。施設の囲い込み！

高齢者施設に入居する際に行う入居申し込み書類（契約書や重要事項説明書）への署名と押印。その場で、沢山の書類に紛れて「亡くなった後、遺された預貯金を全額当該施設に寄付する」と書かれた書類（同意書）にサインを求められた高齢者。何も疑わず、他の書類へのサインと同様に署名押印をして、のちに施設で息を引き取った。

施設側は、その書類通りに執行し、預貯金を引き出した。後日、その経緯に関与していなかった親族が知り、トラブルに。親族側は、「それはれっきとした詐欺ではないか」と訴える。

嘘みたいなホントの話。

「身元保証等高齢者サポート事業における消費者保護の推進に関する調査」では、預託金を金庫で現金管理・代表理事個人口座で管理していた報告もあります。

圓井から一言

書類に署名押印するということが法律行為であるということを、自覚すべし！

遺言書トラブル事例⑤

子なし妻なしで、家政婦に高額贈与を……ホントにあった嘘みたいな話。

唯一の法定相続人が、元家政婦から「3000万円請求」を受けた。

パートナーも子どももおらず亡くなった男性。唯一の法定相続人となったのは遠い親族。問題なく進むと思いきや、元家政婦から「私が相続人のはず。遺言書があるはず。3000万円貰えるはずだ」と請求を受ける。調べると、男性が生前に世話になっていた元家政婦に3000万円を与えるという公正証書遺言書を遺していたことが判明。親族は、遺言書の存在をまったく知らなかった——。

圓井から一言

遺言書の存在を知らない場合はのちのちトラブルに。書いたら伝える。周囲は本人に書いているかを確認。これ基本。

○引き際を見失う、相続裁判

相続トラブルの発展による子どもたちきょうだい間の争いの一部を拝見していると、引き際を見失っているのではないか、と感じることがあります。裁判の資料となる、当社からの意見書だけでも何通も提出していきます。つまり意見書を出せば相手方からも反論書が出ますから。それでも勝つまで続ける。納得いくまで裁判を続ける。最高裁まで闘っているという方も少なくありません。

いったん終わってもまた相談が来て、こちらが回答してまた相談が来るというやりとりを何回も続けたときは、双方の心の内側がえぐられて見えてくるというかなんというか、すさまじいものがありました。受任期間が2～3年ぐらい続いたこともあります。おそらくご本人もやりたくてやっているわけではなく、もちろん故人も相続人たちでこんなに争う姿を見たくないと思うのですが、それでも起きてしまう。人を、人の生き方をそれだけ変えてしまう「遺言書」というもの。一種の魔物と言えるでしょう。そしてお金も時間もかけたらかけるほど、「ここまでやってきたのだから」と、引き際を見失っていくものなのでしょう。

病気には備えられても、なかなかできない「相続への備え」
～今こそ「予防医療＆予防相続！」～

私がおススメしたいのは、「50代で始める相続対策」です。

50代というのは健康に黄色信号がともり始める年代。おまけに親が要介護状態に入り、仕事に介護になかなか忙しくなります。子どもの受験や進学から就職、職場での立ち位置など精神的なプレッシャーが重なることも少なくありません。

がんの発症リスクも40代後半から高くなり、50代になるとさらにそのリスクが増えます。男性では前立腺がんがこの頃から急速に増え始めます。大腸がん、胃がんにも50代に入ったら気をつけたいものです。自治体も40歳を越えたら、大腸がんと胃がんの検診を積極的に行うようにと、早期発見と予防を促しています。

この年代はまだまだ若いですから、がんになったら進行も早い。見つかった時点で、ステージ3とか4というのもあり得る話です。手術ができず、抗がん剤治療を始めたものの副作用が強くて、生活の質（QOL）にも影響し精神的にも辛くなる可能性も――。これは本当に大変です。

だからこそ、がん検診を積極的に受けるべきと考えている人は、とても多いと思います。健康に対するリテラシーは、近年さらに高くなっていると感じます。

それは高齢者にも言えると思います。

背景の一つにあるのが、医療費の負担増です。高齢者の医療費の自己負担割合は段階的に上がり、2002年には現役並み所得者は2割負担に、2006年には3割になりました。さらに2022年10月からは、75歳以上で一定以上の所得がある人の医療費の窓口負担割合が1割から2割になりました。年金生活者にとって医療費の負担増は死活問題です。超高齢社会。健康長寿であるために「病気にならない」という意識はさらに強くなったと思います。

私が携わっているセントラルクリニック世田谷（東京・世田谷）にも、人間ドックを受けて病気に備える人が増えている印象ですし、健康管理のために会員制メディカルクラブに入会する方も多いです。

病気の早期発見のために受ける人間ドックの内容に、入っているのかを確認してもらいたい項目があります。それは脳ドック、**脳MRI・MRA検査**です。もし含まれていないようならオプションにて追加してください。この結果が相続の予防対策にも繋がります。もし、何らかの所見が出た場合でも早めに遺言書を作成しておけばよいのです。当社に相談された事案の中で、当時の脳ドックの継続した受診結果から、遺言の能力についての意見を述べたものもありました。

この機会に、予防医療と予防相続をセットでとらえてほしいと思います。

相続は高齢者（65歳以上）になってから——と考えるのは遅すぎます。初老期（50歳から59歳）の前半で始めてしまいましょう。高齢になりますと、思考の柔軟性も残念ながら落ちますし、周囲の意見を取り入れづらくなりがちです。ある程度のお金があっても、先のことを考え、お金に執着してしまいます。

老年期の思考の特徴として、自己中心的というのがあります。会社も退職し、社会的役割もなくなれば、関心は外ではなく内側に向いてくるのです。年をとって親がわがままになるというのは至極当然のこと。社会的な接点がなくなり、関心が自分にしかなくなってしまうからです。視野も狭くなり、思考も固くなっていきます。

認知機能の低下も大きく考えられます。

ある80代の人の例です。9000万円ほどの現金があると仮定します（実際は詳細不明）。それでも「10万円とて使いたくない」と言うそうです。貯金から1万円でも減らしたくない。子どもが、転倒予防にと福祉用具の階段手すりを導入しようと提案すると「なら、費用はあなたが出して」となる。「どうして私が出さないといけないの？」

「物盗《と》られ妄想」とか「夕暮れ症候群」（夕方になるとそわそわして落ち着かなくなる）といった言葉を聞いたことがありませんか？　認知症によって起こる行動・心理症状（ＢＰＳＤともいいます）の一つですが、ＢＰＳＤの中には、被害妄想や、金銭への異常なこだわりというのがあります。要するに、認知症になってくると、お金に対して正しく向き合えなくなってしまうのです。従ってこの時点から相続を考えるのは厳しいです。

予防医療のような心構えで、予防相続という考えを広める。それが私の伝えたいところです。私は**「遺言適齢期」**というのが、それぞれの家庭には必ずあって、作るべき時というのが必ずあると思うのです。

多くの家庭は、「うちは仲が良いし、いつも話をしているから遺言書みたいなものは書かなくても大丈夫なんだ」と思っているかと思いますが、そもそも親が存命だから家族がみな仲良く、さして大きな問題が起きていないだけかもしれません。

親という存在が防波堤なんだから、この防波堤がなくなったら、争いの波が大切な家族に襲ってくる可能性はありますよ、ということを、言いたいです。残念ながらこれが現実。だから「争続」を予防するために色々な死後の備えをしなければなりません。

具体的な方法は、第四章にも記しています。自分のお金も、医療も、自宅も、墓も、葬儀も……。終わりに備えて、考えておかなければなりません。揉めないための予防相続には用意周到な準備が必要です。だからこそ、50歳を過ぎたら予防相続への身辺準備を始めましょう。これは私がいくつかの相続案件を取り扱う中でたどり着いた結論です。

愛するペットにも遺言する時代

今は子どもがいない人も多くいると思います。愛犬や愛猫を我が子代わりに愛して亡くなる人は、愛犬や愛猫に遺言を遺すこともできます。犬や猫は、法律上「物」としての扱いですから、人間に遺す遺言書のようなものが当てはまりません。しかし「遺贈」という形で、自分の死後にペットの世話をしてくれる人に財産を与えるという方法があります。

遺贈とは、死んだ後に自分の財産を特定の人に渡すことを決めることで、遺言という形で行われます。遺贈は、遺言者の死亡によって初めて効力が生じますが、「信託契約」は、生前から発効可能ですから、信託契約を利用すれば、生前からペットの世話を信頼できる第三者に託すことができます。これを**「ペット信託」**と言います。

犬や猫は自分で買い物ができませんから、贈与者や委託者に財産を譲り渡すことと引き換えでおやつやゴハンを与えたり、散歩に連れて行ったりなどを依頼することができるというわけです。

一般の遺言書に、ペットの世話を頼む人に多めに遺産分配を指定するというやり方もあると思います。

世界的に有名なファッションデザイナーで、「シャネル」のクリエイティブディレクターとして知られたカール・ラガーフェルド氏（2019年没）が、生前に「シュペット（愛猫）が唯一の遺産相続者だ」と発表した報道を目にしたことがあります。フランスでも、猫への遺産相続は法的に認められていませんから、どのような形で彼の遺産が、彼が残した愛猫のために管理され、使われているのかは気になりますね。日本円にして220億円ですから、愛猫が使い切れるのかしらとか（笑）。

第2章

【子ども編】親の相続対策を考える

遺言書について話すタイミングに早すぎるということはない

相続トラブルはなぜ起きると思いますか？

相続は基本的には、対象が家族など「周囲（多数）」に対して行うものであるのに対して、遺言書の作成は被相続人が「一人」で行います。今遺言を考えている人や、遺言書を書いた人は、「個」という単位、つまり個人に向いている思考だと思います。子どもたちを集めて、「キャッシュがいい？　不動産がいい？じゃ、あなたにはこれにしましょうか」なんて、「家族」つまり外に向いた思考に囲まれて多数の意見を取り入れながら、その場で遺言書を書いたという人は、そう多くはいないと思います。

遺言書は人生最後のラブレターだというのは、前に書いた通りです。人前でラブレターは、やっぱり書きづらいもの。恥ずかしいし、心理的な圧迫もあるし、難しいと思います。
とはいえ、ないのも不安です。人生最後のラブレター。私も両親から貰いたかったな……。

前置きが長くなりましたが、私が伝えたいのは、親の認知機能がしっかりしているうちに、「遺言書」を作ってもらうように、子ども側が適齢期を探っておくことが大切になってくるということです。これは子どもの役割です。責任とも言えるかもしれません。親の判断能力が低下してからでは手遅れです。その時期に作った遺言書が無効になる確率は高く、「せっかくあの時無理して書いてもらったのに」と後悔してもしきれないということになってしまいます。
だからと言って、今すぐにでも、親のところに行って
「ねぇ、話があるんだけど」
と、いきなり相続の話をするのも、ナンセンス。

そんな直球誘導では、「何を言い出すのか！」と、親だけでなくきょうだいとも亀裂が入りかねません。きょうだいに声がけをして、家族全員で集合する機会を作って、遺言の意思を親に尋ねるというのも、私には得策とは思えません。親が構えてしまい、自然な気持ちを聞きづらいと思います。

私が考える理想的なタイミングとは、親の方から「私たちが亡くなった後はね」と言い出した時です。その瞬間その時期を逃さず、子ども側から、「書面に残しておいてもらえると、私たちが助かるなぁ」

と自然に遺言書の話に持っていくことです。その時、親の知識レベルや興味度・乗り気度にあわせて、話す内容やスピードを調整するのがポイントです。必要に応じて、自筆証書遺言や公正証書遺言のメリット・デメリットを説明し、「どちらにする？　私に何かできることがあれば、準備するから言ってね」ぐらいが、入り口としては良いと思います。

しかしこれには、家族間の距離感や、親の性格にもよりますので、あくまでも一般論だと思ってとらえてください。

「いつ書いてくれるの？」とか「ないと困るんだから」といったプレッシャーはなるべく与えないように、自主的に書くタイミングを待つのが良いと思います。日常的な会話の流れで行う、というのが鍵だと思います。


病気になった場合。

たとえば、がん末期の場合は痛みを抑えるための「ペインコントロール」が始まってしまうと、すでに期を逃しています。もしそれまで遺言書を書いていなかった場合は、医療用麻薬などを使用するペインコントロールの前までには遅くとも書いておくべきです。ペインコントロールは基本的に鎮痛剤から始まり、進行すれば医療用麻薬を使います。意識を混濁させるために使用する訳なので、ここまでくると、意思能力®の評価に関してかなり疑義が生じるというか、むしろ意思能力®がない、という評価になる可能性が高くなります。

もともとがんがあって進行し、そろそろもう終末期医療に入りますという場合、その段階で、ちゃんと親に話して作成を依頼しましょう。

同様に、日頃から向精神薬を飲んでいるような親の場合も、その薬剤を増量あるいは薬剤を変えるタイミングは意思能力®に影響を与えるととらえられますから、その時期に作成をするのは避けるべきです。

がんでない人も遺言書作成の適齢期を見極めておくことが、予防相続に繋がります。過去に交通事故とか転倒で、頭部外傷を起こしていた人、柔道やボクシングによる慢性外傷性脳症（CTE）を経験した人もそうです。元アメフト選手の死因がCTEであることを突き止めた医師の実話は、『コンカッション』という映画にもなり、ウィル・スミスが主演をしていました。

このように、重症な頭部外傷の場合や、慢性的な脳へのダメージにより、日を追って永続的に判断力が低下、あるいは欠如する場合があります。また、ここに脳内出血など次の脳への悪いエピソードが加われば脳の損傷域は増えるので実際に障害された部位よりも深刻な問題を残すことがあります。これは誰にも予測がつきません。ただ、そうなってから作成した遺言書はかなりの確率で無効になってしまうと考えた方がいいのです。

結局、先送りにせずに、なるべく早く適切なタイミングを見極めて書いておくというのが最善の策と言えるでしょう。

相続の話に限らずですが、笑って話せる段階で、どこまで話せるか。それが予防相続の鍵、でもあります。たとえば、

「これが遺影の写真になるかもね。あはは」

と旅先で笑顔を見せたその瞬間とか、知人の葬儀の帰り道とか……。自然と話せるタイミングで、その流れで相続や遺言書の話に持って行く。

「書いておくといいみたいよ、おかあさん」とごくごく自然な形で、普通の会話の延長線上にこの話ができたらいいですね。

遺言作成適齢期のタイミングでいえば、受診へのススメも大方同じです。

子どもが、親の認知機能の様子がちょっと気になり、「ちょっと病院に行かない？　検査しておかない？」と言った時、本来の親であれば、「あなたたちに迷惑かけたくないから行くわ」と返すところ、「何言ってるのよ」とか、話をはぐらかしたり、拒否をしたり。介護まで拒否をするという時は、すでに認知症の入り口にいると思った方がいいです。

そうなってからでは、遅すぎです。

先手必勝でなるべく、前倒しで親の遺言書の確認を行いつつ、あわせて自分の遺言書の作成もしておくと安心です。

それを避けるためにも、**日頃から親の様子を見る、親とコミュニケーションをとる。電話ではなくできるだけ対面で話す。そして日常生活のごく些細な変化も見逃さないことです。**大丈夫だろうというのは過信、自分の親がボケるなんてと信じたくないという気持ちはわかりますが、ちょっとおかしいと少しでも気になることがあれば、徹底的に生活を観察し、いつもと違うところにいち早く気づくことが大切です。この時期こそが認知症の入り口から親を遠ざけることができるかどうかの大切な時期なのです。

その方法やチェックポイントは、追って紹介していきますが、「あれ？　トイレの流し忘れが増えたなぁ」とか、「冷蔵庫の中に賞味期限切れのものが増えてきたなぁ」とか、生活の中には見えないサインがいっぱいあります。まずは親との接触頻度を増やして、気づこうとする気持ちを持つこと、寄り添うことが大切だと思います。

親の認知症入り口のサインはここで見抜く

相続トラブルのトリガーが「認知症」だということは、おわかりいただけたと思います。認知症——。昔で言えば、痴呆症《ちほうしょう》。今や誰もがなってもおかしくない病です。

私の母が若年性アルツハイマー病になった時のことをお話しします。母は、52歳の時に夫を亡くし、その喪失感からかその数年後に「若年性アルツハイマー」と診断されます。

働き盛りの50代の夫が急死するという、母にとっては想定外の出来事に、相当ショックだったと思います。残された私たちは成人を迎えていましたが、それでも専業主婦の彼女にとって、これからの3人の子どもとの生活、父が遺した会社は？　家は？　どうなるかと。悲しく、辛く、苦しみ、グリーフ（悲嘆）が続き、その先に待っていたのが「認知症」だったのです。

当時私はすでに看護師になっていましたが、それでも母の状態（おそらく、軽度認知症障害〔ＭＣＩ〕だったと思われます）を、当初は変だなぁ、と思わなかったのです。というのも、母は私との会話ではとてもしっかりとした受け答えをしていましたし、私が知る母らしさはまったく失われていなかったからです。

私が母の行動で、「あれ？」と思うようになったのは連続してこれまでと違う様子を見たからです。それは、洗濯機の上に衣類がのせられたままだったのを見た時から始まりました。

「何でこんなところに置いているの？　洗濯機の中に入れないの？」

「あ、これね。洗面所で手洗いするから、ここに置いているの」

あぁ、そうなのか。まったく違和感がありませんでした。でもずいぶん経ってから気づきました。洗濯機の使い方がわからなくなっていたのです。だから都度《つど》手洗いをしていたのだなと。

もともと買いだめのクセがあった倹約家の母でしたが、それでも尋常ではない数のものがストックされるようになりました。これには驚きました。母は食品用ラップとかカレー粉とかパスタとかのストックは、3～5個ぐらいはそれぞれ買いだめしていたんです。しかし、食品庫をあけたら、まさかのマンガのようにガラガラと並んで崩れ落ちてくる（笑）。

「ねぇ、これだけあるんだからもう買わなくてもいいんじゃない？」

そう言うと、

「いいから。ほっといてよ」

となぜだか切れ気味の母。もうすでにこの時点で認知症の入り口にいたのです。

その次にあったのが、得意料理の材料を思い出せなくなったことです。味付けは大丈夫だったのですが、何度も作っていたのに必要な食材の用意がわからないと聞いてきました。

これと前後してこういうこともありました。弟が家に遊びに来ました。我が家は見送る時は全員総出で玄関外まで出て見送ります。この夜もおなじみの光景でした。さぁ就寝しようかという時に母が「弟は帰ったの?」と……。「見送ったじゃない」と私。「見送っていない」と母。会話はこれ以上続きませんでした。あっそうだったねと言葉を返してくれない母。これはもの忘れではありません。短期記憶の障害です。

母の症状はそこから2年経たない間にどんどん進行し、物盗られ妄想や、昼夜逆転で早朝からどこかに出かけようとしたり、外出先で車を置いて帰ってきてしまったり、出先で迷子になってしまったり……。一時は、弟一家が同居して面倒を看ましたが、もはや家族でケアできる範疇《はんちゅう》を超えてしまいました。結局、母はサービス付き高齢者住宅の入居を経て、最後はグループホームで過ごして、70歳で亡くなりました。

今思うと、「あれ? なんかおかしい」から、瞬く間に進行した気がします。

父と死別してから母は一軒家に一人暮らしでした。頼りにしきっていた夫との別れのショックからくるうつ症状か、年齢的なものからくる更年期障害か。母が心配ではありましたが、認知症だけは疑いたくないという自分がいました。だってあの時、私の目に映っていたのは、これまでと変わらない、綺麗で思いやりがあって、お料理をふるまうのが好きで、涙もろくて誰よりも家族思いの、かけがえのない私の大切な母の姿。完全に信じたくない気持ちが私を占領していました。

30年ほど前は、今ほど認知症の情報もありません。当時は「認知症」ではなく「痴呆症」とよばれていた時代。まさか自分の50代の親がボケるわけがない！そう固く信じたかった。

今となっては、あの時点でもっと早く病院に連れて行っておけば。もっと早くに母の変化に前向きに気づいて対処ができていれば、母が安全で安心に暮らせるように、気を配っていられたらと未だに悔やまれることばかりです。

若年性認知症とは、65歳未満で発症する認知症のことです。有病率は極めて低く、18歳～64歳人口10万人当たり50・9人、0・05％ほどと言われています（2018年時の日本医療研究開発機構の調査より）。患者数は全国に3万5700人とされています。65歳以上の高齢者の認知症患者数が2025年には約675万人と予測されていますから、おおざっぱに見ても、190分の1ほどしかいないのです。

若年性アルツハイマーのほとんどの症例は家族性で、親から受け継がれたAPOE（アポイー）遺伝子によって引き起こされます（厳密にはAPOE遺伝子型には、APOE2〔ε2〕、APOE3〔ε3〕、APOE4〔ε4〕の3種類がありこの組み合わせなどで発症のリスクが異なります。特にε4を持つ人ほどそのリスクが高まります）。

アルツハイマーの全体の約5％が遺伝性です。20歳ほど若く発症します。この遺伝子を持っているかどうかは血液で検査が可能です。ちなみに私自身もこの遺伝子検査を行いました。

若年性認知症は、症状として不安や抑《よく》うつを伴うことが多く、うつ病と誤診されやすいという特徴があります。それ以外には、高齢発症の場合よりも進行が早いことや、空間認知など特定の認知機能が強く障害される傾向がある、等などがあります。とにかく、高齢認知症よりも患者数が圧倒的に少ないために、情報も少なく、若年性認知症を対象にしたケア施設がないのも問題です。

若年性認知症向けの公的施設（老人ホーム等）がないわけですから、高齢者とともに暮らします。たまに、特養（特別養護老人ホームのこと。正式名称は介護老人福祉施設）や老健（介護老人保健施設）で暮らしている40、50代の方を見たことがある人もいるかもしれません。

私は、母が認知症の入り口に立っていた時点で気づけなかった側ですが、読者の皆さんには、私のような思いをしてほしくないと思います。認知症は今や誰もがなりうる病気です。高齢になればなるほどリスクは高まります。

引き返せる認知症、つまり軽度認知障害のうちに早く気づいて、それなりの対策を行えば、認知症にならずにすむこともあります。日本神経学会の「認知症疾患診療ガイドライン２０１７」によれば健常状態に戻る率は16〜41％もあるのです。

あれ？　ちょっとおかしいな、と感じたら、すぐに手を打ってほしいです。清潔好きなのに、なぜか最近部屋が汚れているとか、全然着替えをしなくなった、とか。特に多いのはご近所づきあいをしなくなった、表情がなくなったなど、うつ傾向のような症状です。本来の親では考えられない言動が見られたら、要注意です。

「認知症になりかかっているかもしれない」と思ったら、すぐに病院に連れていきましょう。初期の段階であれば、本人にも「いつもと違う自分」の様子に少なからずの不安があり、病院に行こうといえば「うん。連れて行って」と前向きになることが多いです。そのタイミングを逃してはなりません。

診察時の注意点ですが、特に初めての診察であれば、医師も「どこがどうおかしいのか、どこが通常とは違うのか」に気づきにくいこともありますので、**①いつから、②どんな症状が出ているのか、③具体的なエピソード**、これらをわかりやすく説明しましょう。いつもの状態と今回おかしいな、と思った点の違いなどを丁寧に、エピソードを交えて話すと良いと思います。

たとえば、普段より怒りっぽくなった、身なりに気を遣わなくなった、ということであれば、普段はどういう状態でどれぐらい違うのか、比較して何が一番気になるのか等など。それはいつもの様子を知る家族にしかわからないことであり、家族でしかできないこと、でもあるのです。家で気になった点があればメモ（いつ、どうだったのか）をとっておき、必要に応じてそれを医師に見せるというのも手です。

家族こそ、名医であるべきなのです。

家族がつくった
「認知症」早期発見のめやす

日常の暮らしの中で、認知症の始まりではないかと思われる言動を、「家族の会」の会員の経験からまとめたものです。医学的な診断基準ではありませんが、暮らしの中での目安として参考にしてください。いくつか思い当たることがあれば、かかりつけ医などに相談してみることがよいでしょう。

もの忘れがひどい	□ 1. 今切ったばかりなのに、電話の相手の名前を忘れる □ 2. 同じことを何度も言う・問う・する □ 3. しまい忘れ置き忘れが増え、いつも探し物をしている □ 4. 財布・通帳・衣類などを盗まれたと人を疑う
判断・理解力が衰える	□ 5. 料理・片付け・計算・運転などのミスが多くなった □ 6. 新しいことが覚えられない □ 7. 話のつじつまが合わない □ 8. テレビ番組の内容が理解できなくなった
時間・場所がわからない	□ 9. 約束の日時や場所を間違えるようになった □ 10. 慣れた道でも迷うことがある
人柄が変わる	□ 11. 些細なことで怒りっぽくなった □ 12. 周りへの気づかいがなくなり頑固になった □ 13. 自分の失敗を人のせいにする □ 14. 「このごろ様子がおかしい」と周囲から言われた
不安感が強い	□ 15. ひとりになると怖がったり寂しがったりする □ 16. 外出時、持ち物を何度も確かめる □ 17. 「頭が変になった」と本人が訴える
意欲がなくなる	□ 18. 下着を替えず、身だしなみを構わなくなった □ 19. 趣味や好きなテレビ番組に興味を示さなくなった □ 20. ふさぎ込んで何をするのも億劫がりいやがる

家族がつくった「認知症」早期発見のめやす（公益社団法人 認知症の人と家族の会HPより） https://www.alzheimer.or.jp/?page_id=2196

認知症ドリルで、認知機能の低下を日々チェック

私が簡単に自宅でできる対策として勧めるのは、日頃から認知機能を確認する「ドリル」のようなものを解くことを習慣づけることです。たとえば〈最後に家族全員でごはんを食べたのはいつだったか〉〈自転車の鍵はいま、どこに置いているか〉こういった簡単なドリルを作って、時間がある時に気軽にできるように、手の届きやすい場所に置いておきます。

しかもそれを家族間でも共有しておくと、小さな変化にも家族みんなで気づきやすくなると思います。市販の脳活ドリルを使ってもいいですが、自分たちで作るのが良いと思います。

身近なことに関する質問で良いからです。〈総理大臣の名前は〉といったものよりも、〈昔飼っていたペットの名前は?〉〈昨年の家族旅行で泊まった宿の名

前〉といったものの方が、家族みんなで楽しめるし、思い出した時も盛り上がりそうな気がします。

そしてそういうドリルを続けていくと、たとえば、「あれ？　最近お父さん、鍵のかけ忘れが多くなったかも……」と生活の中で気になった時、そのドリルの記録を見て、「あ、1カ月前から回答がおかしくなっている」と、整合性がとれるわけです。また、離れて暮らす子どもが、実家に帰省した時に、そのドリルを見ることで、親の様子の変化に気づく一つのきっかけになるかもしれません。

一緒に解いても良いコミュニケーションになるでしょうし、今の70、80代はノートに手書きで記録するという作業が好きな方が多いと思います。エンディングノートの「ドリル版」みたいな感じで、ぜひ楽しく書いていただきたいです。難しく考えずに解いて、家族みんなで見る。その解答以外に、何か感じたこと等などのメッセージを入れたら、それが家族間のコミュニケーションツールにもなって、一石二鳥です。

圓井順子オリジナル
プレ認知症ドリル

ボケないおとなのためのドリル

本ドリルは、高齢者の方に対して日常生活の中にあるテーマを中心とした検査をすることで、少しでも認知機能の低下を自覚してもらうためのものです。

検査を始めることへの不安を軽減しリラックスして、いつもの状態で受けられることで、実際に近い得点、結果が得られます。
高齢者の方で耳が遠い場合には質問が聞こえずに曖昧に返答をされる傾向があります。このような場合は、低いトーンの大きな声で実施してください。

①

1 今日のお天気は？

2 家族の名前を書いてください

3 両親の生年月日は？

4 昨日は買い物に行きましたか？

5 好きな色を３つ書いてください

6 色鉛筆を用意してください
この絵に合う色をぬってください

7 一番仲のいい人の名前を教えてください

8 500円は硬貨ですか？　紙幣ですか？

9 カレーに使う食材をすべて書いてください

10 100円で150円の品物は買えますか？

②

1 自宅の鍵の置き場所は？

---

2 自宅の電話番号は？

3「美味しい」、なんて読みますか？

---

4 朝のくすりは飲みましたか？

---

5 ほっかいどうを漢字で書いてください

---

6 時計の3時をイラストで
書いてください

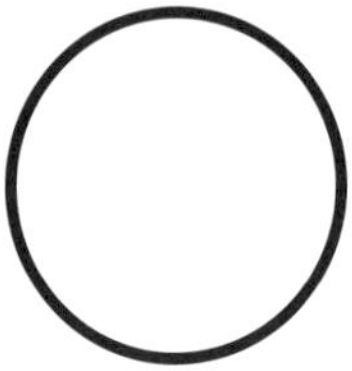

7 旅行にいった場所を出来るだけたくさん書いてください

---

8 ○にことばを入れてください
オレオレ○○に気を付けて

---

9 雪はどの季節に降りますか

---

10 シルバーマークはどちらですか？

思い出あそび

1 おもしろかった本を出来るだけたくさん
書いてください

2 初めて買ったレコードは？

3 思い出の場所はどこですか

4 両親の名前を書いてください

5 子どもの頃のあだなは？

6 一番たのしかった出来事は？

7 実はとっても後悔している出来事は？

8 これやっておいたらよかったなと思うことは？

9 アルバムの中でいちばん好きな写真を探しましょう

10 大切な宝物はなんですか？

以上が、4、5年前に作った圓井オリジナルの「認知症ドリル」の一部です。ぜひご活用下さい。プレ認知症ドリル、ボケない大人のための頭の体操ドリルみたいな感じです。読者の皆さんでもこのようなドリルは簡単に作れます。たとえば、〈いつもお買い物をするスーパーの名前は?〉とか、〈子どもたちの名前に込めた思いを教えてください〉なども良い質問になります。

病院などで行われる、「私たちが今いるところはどこですか?」「これから言う3つの言葉を言ってみてください。あとでまた聞きますのでよく覚えておいてください」などの質問で行う長谷川式認知症スケール（HDS－R）とはちょっと違うものです。

長谷川式認知症スケールは、何度も行ううちに自然と覚えて点数も上がってしまいますし、女性の方が男性より記憶力が高く、点数が伸びる傾向があると聞きます。医療機関で若干構えた状態で行うこういう認知機能評価より、日常生活の中で楽しみながら行うドリルで気づけた方が、自然で良いと思います。

もし認知症専門医にかかるようなことがあれば、そのドリルが役立つこともあります。「おかしい」と思うようになった前と後の回答の違いや変化などが明確にわかるからです。

認知症も介護も突然やってきません！

親だけでなく人生の伴侶など、身近な人の体に異変が見られた時、多くの人が「そんなはずはない」と思うでしょう。そう信じたいからです。「まだ若いんだもの」「まだこんなに元気なんだもの」というように。

しかし、認知症の場合、（特にアルツハイマー型認知症であれば）かなり緩やかに、徐々に症状は進行していきます。無症状の段階から、ＭＣＩ期、軽度期、中等度期、重度期、そして終末期へと、発症から亡くなるまでの期間は平均8〜10年とされています。

認知症も介護も突然はやってきません。突然「始まる」のは、相続です。

相続は亡くなった瞬間から始まります。医者から貰った死亡届と、火葬許可申請書を7日以内に役所に提出し、世帯主の変更や、健康保険や年金の資格喪失届……などの手続きと並行して遺言書の有無を確認。相続放棄をする場合は3カ月以内。4カ月以内には、亡くなった人の生前の所得に対する確定申告「準確定申告」をやらなければなりません。

そして、「遺産分割協議」を始めとして、不動産の登記名義変更や、預貯金の名義変更や解約の手続き等などを進め、遺産分割協議書を元に相続税の申告と納税を10カ月以内に……。とやることは盛り沢山。遺産分割協議に関しては、この10カ月という期限を過ぎると、延滞税が課税され、相続税が高くなる可能性もあります。

一方、前に述べた認知症と介護はじっくりと生活の中に忍び寄るものです。加齢によるもの忘れなのか、はたまた認知症なのか。おや、怪しいな？　と思ったら、まずはかかりつけ医に相談し、「もの忘れ外来」（神経内科や精神科、脳神経外科などの医師が担当します）がある医療機関への紹介状を書いてもらうか、地域の専門医を探して受診する。もしくは包括や役所の高齢福祉課に相談しましょう。

包括は、認知症の初期集中支援チーム等の関係機関と連携しています。「認知症初期集中支援チーム」とは、認知症の家族が気になるという訴えをもとに発動する医療や介護職がまとまった多職種チームのことで、おおむね半年以内の活動を行います。

家族のもとを訪問して、困りごとや心配事などの相談に応じて、さまざまなサービスに繋ぐ支援を行います。早い段階から相談しておけば、地域のしかるべき介護サービスに繋がることができ、家族だけでなく本人もその後安心した生活を送ることができるようになります。

怪しいな？　と気づくチェックポイントは、「いつもはできていたことができなくなっている。あるいはやりづらくなっている」です。いつもと様子が違うかどうか、というのはまさに共に生活をしている家族こそが気づけることです。

一般的にいえば、「複雑な話を理解できなくなった」「計画をたてられなくなった」「服装など身のまわりのことに無頓着になった」「薬の管理ができなくなり、飲み忘れなどがおきるようになった」等などでしょうか。

継続的な観察と、気づき。これが非常に大事なのです。

葬送や介護、相続の話は、「笑って」できるうちに

死後の話なんてとんでもない、と思われるかもしれませんが、葬儀、死後、7日以内、14日以内、1カ月以内と期限のある役所の届出などをこなさないといけません。予防相続のための身辺準備として親も子も、双方のために相続会議はやっておいた方がいいです。しかも、「笑って」できるうちに。

コミュニケーションを通して、互いに齟齬《そご》の無い意思を伝達し合い安心感を与えるということが大切だと思います。親にとっても、子どもが笑顔で、相続のことを受け入れるのを見られるのは安心です。ただ、なかなか簡単にはできないと思います。日頃からコミュニケーションが活発で、どんなことも話せて、きょうだいが仲良し、である家庭であれば別ですが、普通の家だったら、まず構えてしまいますよね。

介護状態になったらどうするか、施設か家か？　延命どうする？　葬儀は？　喪主は？　墓は？　等など。ここまでは何気なく話せることはあっても、「相続」は次元が違います。一気にハードルが高くなります。死が近くにない、つまり死や相続が現実味を帯びていない時期に話す方が、絶対にいいと思います。お互いを思い合って、緩く本音で話せる余裕も生まれるかと思います。

うちの場合は、母親を施設に預けることになるのですが、その際にきょうだい間でまったく意見の相違はありませんでした。なぜなら母は私が学生の頃から、「お母さんがボケたら施設に預けて欲しい」「子どもに面倒をかけたくない」と言い残していました。母が亡くなってわかるのですが、さらに母は50歳で日常生活動作障害保障保険に加入していました。日常生活動作について介護が必要になった場合、つまり認知症と診断されたら受け取れる保険です。なぜだかわかりませんが受取人は私でした。本当にその思いは知りたいところです。

私たちは、きょうだい全員が20代の時に、大黒柱の父を亡くしました。事業をやっていた父が遺した資産も、おおよそ見えていましたし、上の弟が継承するというのは家族の中での共通理解でしたので、揉めるということは一切ありませんでした。このように関係が良好だったため、私たち家族の結束力は、非常に強くなりました。母をみんなで支えるために、3きょうだいで力を合わせました。

全部オープンにしていましたから、隠すもの、隠されているものがなかった。それは3人にとって安心でしたし、平和でした。そして今もとても良い関係でいられる。これは本当に有難いことだと、感じています。

同様に、私は二人の子どもたちにもオープンにしています。どんなことも包み隠さず、そして対等に話せるような環境を敢えて作り、常にコミュニケーションをとっていますので、私の相続の思いや、考えは8、9割子どもたちに伝わっていると思います。子どもたちの前で、私は自分の考えや感情をそのまま見せているので、もしかしたら母親らしくないかもしれない。でもそれでもいいと思っています。

母親である前に一人の人間であって、思うこともあるし、我慢することもある。親の威厳も大切ですが格好つけずにそういうのを見せられるのも家族。私は凄く大事なことじゃないかな、って思っています。

子どもに予想外の大きな出費がかかった時も、私は正直に伝えました。長男は大学付属の私立に通っていたのですが、他校の大学を受験するというのです。しかも特殊性のある大学で現役合格率は30％ほど……。なんとも自分の子どもらしいと思いながらも、未だに息子には「あれで私の描く人生設計がずれた。ちょっとずれた」と話します。

敢えてそう言っているのですが、現実問題、予想外の進路による出費で、その後の人生設計が多少ずれたのは事実です。それがたとえ10万円であったとしても、計画外の出費が出たらどこの親も困ると思います。こうやってどんな一面もきちんと子どもに見せます。親であっても個人としての感情もちゃんと一言乗せる。子どもの金銭感覚の意識や自立にも関係してきます。

こんなふうにオープンでコミュニケーションを絶やしていない我が家。だからこそ、言いにくいことも言える環境が常に準備されています。きっと私の相続も穏やかにつつがなく進むと思っています。

第3章

認知症と遺言書

幸齢社会に向けて

国は認知症対策を「国家プロジェクト」として位置付けています。「共生社会の実現を推進するための認知症基本法」（以下、認知症基本法）が2023年に成立、2024年の1月1日に施行されました。

認知症になったからといって、その人が社会から取り残されたり、生きづらくなったりしないようにと法律を作ったのです。認知症になっても誰もが希望をもって暮らせる「共生社会」を目指し、「予防」と「共生」を強化していく方針です。

認知症になったからといって終わりではありません。今は、認知症と生きる時代です。

めざすは幸齢《こうれい》社会です。認知症とどう付き合い、どう向き合うのか。どう予防していくのか。これから、それが問われていくと思います。

認知症になって生きていくということは、難しいところもありますが、社会を味方に周囲の力を借りて工夫をすれば、できることは沢山あります。認知症を恐れずに、認知症と共に生きる力を私たちは自覚していくべきだと思います。

認知症と共に生きるということは、低下する認知機能をどう早め早めに守っていくか、そして、自分の思いを遺していくか、ということにも繋がります。ですから去り行く人も、遺される人も「遺言書」で苦しまないように、認知機能が低下する前に「遺言書」を作成しておく、ということを私は勧めています。

進化する認知症治療法と、診断法

世界では、長く認知症の治療薬の研究と開発が続けられてきました。

現在保険適用されている抗認知症薬は、「ドネペジル（商品名：アリセプト）」

「ガランタミン（同：レミニール）」「リバスチグミン（同：リバスタッチパッチ、イクセロンタッチ）」「メマンチン（同：メマリー）」の4種類です。抗認知症薬とは、認知症を治療するものではなく、進行を遅らせたり症状をやわらげたりするものです。「レカネマブ」は日本のエーザイ社とアメリカのバイオジェン社が共同で開発した認知症治療薬で、日本国内では2023年9月に薬事承認されて、同年12月に保険適用となった非常に新しい薬剤です（一定の条件あり）。そして2024年11月に新たにドナネマブ（同：ケサンラ）も追加されます。

たとえば、ドネペジル、ガランタミン、リバスチグミンの3剤はコリンエステラーゼ阻害薬といい、（神経伝達物質の一つである）アセチルコリンを分解する酵素《こうそ》を働かせなくすることで、アセチルコリンの量を増やす薬剤です。

アセチルコリンには覚醒レベルや認知機能を高める作用があるため、これらの薬剤の内服によって認知機能の若干の向上が期待されます。しかし、これらは脳内のアセチルコリンだけでなく脳外のアセチルコリンも増やすために、副交感神経系が刺激されてしまい、胃腸障害（吐き気や嘔吐、食欲不振や下痢）などの副作用が出ることがあります。アルツハイマー型認知症の初期から中期であれば、これらの薬剤の内服によって進行を遅らせることは期待できますが、根本治療薬ではないので、飲み続ければよいというものでもありません。

残念ながら認知症の発症原因は未だ解明できていない点も多く、治療薬の開発に期待したい気持ちはあるものの、やはり一筋縄ではいかないと感じています。

アミロイドβ（ベータ）という異常なたんぱく質の蓄積（老人斑《ろうじんはん》）がアルツハイマー型認知症の人の脳に見られるということから、この蓄積を妨げる薬剤の開発が進められていますが、実際にはこのアミロイドβが脳内に蓄積されても認知症状が出ない人もいました。これは１０１歳で亡くなったシスター・メアリーという修道女のことですが、彼女の死後に行われた脳内の病理解剖では、アルツハイマー型認知症の特徴的な病理所見である「老人斑」や「神経原線維《しんけいげんせんい》変化《へんか》」が見つかりました。しかし彼女は認知症ではなかったのです。

今の治療薬が病気の発症メカニズムの仮説に基づいて作られているということからも、認知症になったら治療薬で「治す（遅らせる）」と考えるのではなく、日頃から認知症を予防する生活習慣を身に付け、早期発見のための診断を受ける方がよほど現実的で賢い選択だと私は思います。

シスター・メアリーは若い頃から規則正しい生活を送り、奉仕活動を続け、人とのふれあいの中で生きてきたと言われています。認知症の予防には、脳の病変にアプローチをするよりも、生活習慣からのアプローチが重要であることを彼女の事例が示している気がします。

薬剤の投与も有効ですが、やはり私は何よりも、心の持ち方や、人との繋がり、社会的な繋がり、人間的な活動を通して、心と脳を豊かに使うことで、認知症の予防ができると思っています。

認知症予防は3つの段階で考えられており、健康な状態で発症予防をするのが**「一次予防」**、軽度の認知症状の低下（MCIなど）の段階での早期の発見と対応をする**「二次予防」**、そして（認知症になっても）病状を遅らせる予防を**「三次予防」**と言います。この二次予防は特に大事だと私は思っています。なぜならＭＣＩ（軽度認知障害）の状態から正常に戻れる可能性もあるからです。

国立長寿医療研究センターの調査（65歳以上の愛知県大府《おおぶ》市の住民への4年間の追跡調査）によれば、ＭＣＩの人々のうち14％が認知症に進行し、46％の人が正常に戻っています。市では認知症予防に繋がるさまざまな取り組みを行っています。適切な予防によって進行を防ぐことができるのです。これについては、第五章で詳しくお話ししますが、心配であれば早い段階で検査をして1日でも早く対策を取ることです。早期発見、早期治療開始です。

最近では血液検査で認知症の診断を行う方法が研究されて話題となっています。これは、採血した血液からアルツハイマー病の原因となる「アミロイドβペプチド」の蓄積の有無を見るというものです。その他にもＭＣＩ（軽度認知障害）スクリーニング検査など認知症診断はどんどん身近になっています。

私が認知症検査で優れていると思う画像検査は**PET検査**です。厳密にいえばFDG－PETという検査機器による検査です。

PETとは陽電子放射断層撮影という意味で、Positron Emission Tomographyの頭文字の略語です。ごくわずかな放射線を放出するPET検査薬を投与して体内の放射線をPET装置で撮影する検査方法で、細胞レベルで検査ができるので格段に速く、診断ができると思います。

脳のエネルギー源はブドウ糖です。PET検査で使用する薬剤の主成分はブドウ糖ですので、脳機能が落ちている部位がブドウ糖の取り込みが落ち、色分けしてわかる（示される）ようになっています。

ブドウ糖の代謝量の質的な変化の度合いを赤、黄、緑、青の色のスペクトルで画像化する技術によるものです。PETは脳の代謝を視覚化できて、病巣を早期発見できるばかりか、過去の脳損傷の痕跡をも見つけ出すことができます。

このPET検査は、がんの早期発見にも役立ちます。がんの発見で行うPET検査の方法は、がん細胞が正常細胞に比べて3～8倍のブドウ糖を取り込むという性質を利用します。ブドウ糖に近い成分の薬剤を体内に注射して、しばらくしてから全身をPET撮影すると、薬剤が多く集中する部位がわかり、それによりがんを発見する手がかりとなるのです。

がん細胞は、体内で発生してから10～20年の年月をかけてゆっくりと成長していくために、このPET検査で早期に発見すると、確実に早期治療へ繋がるというメリットがあるのです。なぜならばCTなどの従来の方法では、1センチ以上の大きさにならないと検出できないものが、PET検査であれば5ミリ程度の段階で発見できることがあるからです。このPET検査を健康診断で受ける場合は、全額自己負担となり一般的に10万円ぐらいかかるとされています。

さらに2023年からアミロイドPETという脳内のアミロイドβタンパク質の蓄積を可視化できる検査が保険適応で実施されるようになりました。アミロイドＰＥＴでは、ブドウ糖ではなくアミロイドβに特異的に結合する薬剤を使用します。

アミロイドＰＥＴの主な用途はアルツハイマー型認知症の早期診断と、軽度認知障害（ＭＣＩ）からアルツハイマー型認知症への進行リスク評価です。認知機能が正常な段階でも脳内にアミロイドの蓄積を検出できる可能性があります。

このように、ＦＤＧ－ＰＥＴとアミロイドＰＥＴは認知症の診断において補完的に使用され、患者の状態や診断目的に応じて適切な検査が選択されます。

他にも、ＳＰＥＣＴという血流の異常を見るものがあります。なお、一般的に多く検査されているＭＲＩは末期に脳萎縮《のういしゅく》が起こることでようやく診断が可能になる検査です。

○認知症予防の3段階

一次予防：健康な時に行う生活習慣病対策
二次予防：軽度認知障害（ＭＣＩ）対策
三次予防：中等度以上の認知症対策

加齢によるもの忘れと、認知症の違い

では認知症とはどういうものでしょうか。

多くの人が認知症を疾患ととらえていますが、定義は違います。認知症とは病名ではなく、症状のことを指します。単にもの忘れをするだけでは「認知症」と

はいえず、**日常生活に支障が出て初めて認知症とされます**。言い換えれば多少のもの忘れや、記憶障害があっても、その人自身が問題なく日々の生活を送れていれば、その人は「認知症」とは定義されないんです。

加齢によるもの忘れは、人が年をとれば自然に見られる現象です。

いわゆる、年相応のもの忘れの場合は、体験した一部を断片的に忘れたとしても、周囲からヒントを与えられると思い出すことができます。一方、認知症によるもの忘れは忘れたことの自覚がなく、ヒントを与えても思い出せません。

昼食を食べたのに「食べていない」と言い、もう一度食べるのは認知症です。昼食を食べたこと自体をまるっと記憶していないのです。食べたことは覚えているけれど、何を食べたかを忘れてしまった……というのは加齢によるもの忘れです。後者の場合は、もう一度食べることもなく、自分が忘れたことを自覚しているので、日常生活に支障はありません。

脳の損傷部位によって異なる認知症のタイプ

ただ、もの忘れがどんどん進行していくのは問題です。

記憶のプロセスは主に、「記銘《きめい》」「保持《ほじ》」「想起《そうき》」からなっていて、新しい情報を覚え（記銘）、それをキープ（保持）、必要に応じて引き出す（想起）というステップを踏んでいます。アルツハイマー型の認知症の場合は、「記銘」と「保持」が難しくなってしまい、新しい出来事などを覚えられなくなります。やがて進行すれば、新しい情報だけでなく古い情報、つまりその人の過去の情報も少しずつ忘れていき、最後はすべての記憶が失われるといわれています。

認知症にもタイプがあります。脳のどの部位にダメージを受けたかによって、脳のどの機能が低下するのかでも症状は異なります。最も多いのが**「アルツハイマー型」**認知症。記憶に関係する「海馬《かいば》」、記憶と聴覚に関連する「側頭葉《そくとうよう》」、空間認知などに関連する「頭頂葉《とうちょうよう》」にダメージを受け、そこが司る機能が影響を受けます。特徴は、進行が比較的ゆっくりで、人格も保たれる点です。最後は寝たきりになり、使える言葉もなくなります。

後頭葉の機能低下が他の部位よりも強いのが**「レビー小体型《しょうたいがた》」**認知症です。後頭葉は視覚に関連する部位ですから、ここにダメージを受けた認知症の場合は「幻視」が多いのが特徴的です。ほか記憶力や理解力の低下、幻覚に妄想、抑うつ症状、睡眠障害、パーキンソン症状（手足が震えたり、小刻み歩行になったりするパーキンソン病と似た症状）も見られます。

パーキンソン症状は、体の動作がぎこちなく、ゆっくりで、歩幅も小さいため、つまずきやすく、転倒に注意が必要な認知症とも言えます。レビー小体型の人は傍目ですぐにわかるものです。意外と記憶力は保たれますが覚醒レベルの変動があり、低下した時に幻視やせん妄などが現れます。

脳の前頭葉と側頭葉が萎縮して、それによって人格が変化したり、同じ行動を繰り返す常同行動を起こしたり、社会的なルールを守れない社会脳機能障害が起きたりするのが**「前頭側頭型《ぜんとうそくとうがた》」**認知症です。これは非常に大変です。

人格や行動の変化が大きくなるからです。理性や意欲、感情のコントロールなどを司る前頭葉にダメージを受けてしまうために、行動の抑制がきかなくなってしまいます。スーパーで万引きを繰り返すなどは、精神医学的には、国際疾病分類（ＩＣＤ－10）で病的窃盗のクレプトマニアと言われます。

脳梗塞や脳出血などが原因で起こる**「血管性」**認知症は、血管障害が生じた部位によって、症状が異なります。遂行機能障害、失行、失認、アパシー、構音障害や嚥下《えんげ》障害などさまざまです。

ただ、これらが混在するケースも多く見られ、たとえばアルツハイマー型認知症と血管性認知症というように、両方の症状が組み合わさって出る認知症もあります。

喪失で始まり、喪失で終わった母の認知症

私の母は「夫の死別」という大きなショックをきっかけに若年性アルツハイマーとなりました。若年性アルツハイマーの発症要因は、遺伝によるものが大きいとされていますが、母の場合は人生で最大の喪失感を味わったことが直接的な起因になったと私は思っています。

母はみるみるうちに記憶を失っていきました。母を見て認知症は「喪失で始まり、喪失で終わっていく病気」だと思いました。母が最初に失ったのは父です。その後、やる気や気力を失い、記憶を失い、社会との接点も失い、言葉を失い、最後は70歳と3カ月で急性循環不全で命を失いました。

母のことを思い出すと切ないことばかりですが、晩年に、母と手を繋いで歩いたことは、良い思い出です。おそらく母が認知症にならなければ、母と手を繋ぐということはなかったと思うからです。幼少期、弟たちの世話を丁寧にしていた

母。そんな様子を見てきた私。記憶の中で母と手を繋いだということはなく、これまでもないと思っていました。

母の晩年に、母の手をとり、ともに歩くという体験は思い返すだけでも胸が熱くなります。母が自分を頼ってくれるという体験も初めてでした。病気になったこと、それ自体はとても辛いことですが、失うものがあっても、得るものもあったな、と今は思います。

残念ながら若年性認知症の進行は高齢者の認知症に比べると早く、40代で発症すると高齢者の2倍以上の速度で進行するとも言われています。とはいえ、母は発症から約15年も大きな病気に見舞われることなく私たちの側にいてくれました。母は子どもたちのために最後まで穏やかさを保ちながら頑張ってくれたと思っています。私はこの度の上梓にあたり、若年性認知症をもった当事者家族としてこの事実に触れるかどうか思い悩みました。

私にはきょうだい家族がいてこれは一家のお話。でも、ただこうして考えることより伝えることで私の経験が誰かの何かのきっかけになるかもしれない。そう思い始めた頃に、若年性認知症を発症しても前向きに輝いていらっしゃる方々がいるということを知りました。39歳で若年性認知症を発症しながらも全国各地での講演を通して「認知症とともに生きること」を訴え続ける丹野《たんの》智文《ともふみ》さん（50）に、45歳で若年性アルツハイマー病の診断を受けた、藤田《ふじた》和子《かずこ》さん（63）です。

ご自身の症状を隠すことなく多くの方々の前で、希望を持って生きる力を発信しています。丹野さんも藤田さんも、国が任命する希望大使として認知症とともに生きる「希望宣言」を紹介されています。認知症本人の方々の活動されている姿を見て、頭が下がる思いです。

もう、認知症は国民病でそれを隠す時代は終わりました。

認知症は喪失で終わるものではない、と今強く考えるようになりました。

国民総認知症時代がやってくる
〜認知症を恐れ過ぎないで〜

がんは代謝や遺伝子などが原因というふうに徐々にいわれてきていますが、認知症は人生を進める中で、わりと集大成のあたりにできる病気なので、おそらく原因は一つではないんですよね。これまで暮らしてきた環境もあれば、遺伝的な背景や、食べ物の要因もあると思います。

ですので、認知症はおそらくまだまだ治せる段階にはないと思います。であれば認知症が引き起こす社会問題、今後ますます増えていくであろう社会問題に対して、手前で関わっていった方がよりよい社会になるのではないか、と考えています。

認知症にならないようにするというよりは、たとえ自分や家族が認知症になったとしても、認知症の人が近くにいたとしても、社会が認知症と共存していくというか、認知症の人たちが生きやすい社会を作っていく、ということが必要になっていくと思います。同時に、認知症の人に関連する社会課題を解決していくべきだと思います。

私たち医療従事者ができる課題解決を考えた時に、私は、メディカルリサーチが行う遺言書の意思能力®鑑定が、認知症の人が遺す遺言書がもたらす社会的なトラブル回避にも繋がると確信しました。だから、私はこの会社に参画し、今に至っています。メディカルリサーチが行うサービスについては、190頁をご参照下さい。

その人らしさはずっと残る認知症。「ユマニチュード」でアプローチ

認知症当事者の心の内を想像してみてください。

初期の頃は、「ちょっとおかしい」という自覚が多少あるがためにこれから起こるであろう出来事や将来を悲観してしまう人も少なくないと思います。失敗体験が重なれば、自信もなくなり、行動や会話も消極的になるでしょう。その結果、不安やうつ症状をもたらします。

ですから周囲は、本人の不安や喪失感を想像して理解し、なるべく本人の気持を尊重してケアすることが大切になります。私が母に取り入れたアプローチは、「ユマニチュード」というものに近いと後になって知りました。

ユマニチュードとは、フランスの体育学の専門家であるイヴ・ジネストさんとロゼット・マレスコッティさんによって開発されたケア方法で、4つの柱によって成り立っています。**「あなたは私にとって大切な存在です」**と伝えるための技術であり、4つの柱「見る」「話す」「触れる」「立つ」を同時に複数組み合わせて行うことが大切とされています。

正面から相手と同じ目の高さで**「見る」**、大きすぎず低めの声で前向きな言葉で**「話す」**、歩行介助などで**「触れる」**時は摑まずにゆっくりと、広い面積で触れる。そして、できるだけ**「立つ」**機会を作る。この4つです。どれもシンプルなことに驚くかもしれませんが、意外とやれているようでやれていない人が多いようで、介護の現場でも取り入れられている手法です。

認知症の親に対して、つい大きな声を出したり、目線の高さまであわせず、立ったまま上から話しかけたりしてしまうという人は多いと思います。高圧的な目線や声かけは禁物です。心の中で、いつも「大切な存在である」と思っていれば、自然とできるようになると思います。

「いつもあなたのそばにいますよ。あなたの味方ですよ。あなたを守りますよ」といった安心感を与えると、認知症の人は笑顔になり、BPSD（認知症の行動・心理症状）の悪化を防いだり、症状が出なくなったりすると言われます。逆にいえば不安な環境に置かれると認知症は悪化するものだと言われています。

霧の中にいるような、ぼんやりとした世界で生きるようになってしまった大切な親を、包み込むような愛とやさしさで、ユマニチュードとともに大切にケアをしていただきたいと思います。

＊参考
「優しさを伝えるケア「ユマニチュード®」」日本ユマニチュード学会
(https://jhuma.org/humanitude/)

第4章

人生の棚卸しがうまくできる人は相続で揉めない

¥お金

預金や株券、不動産などの資産は「見える化」する

遺言書の有無の確認と同じタイミングで、相続人は相続財産の確認をします。それによって故人の財産の確定をさせます。

相続財産はどれぐらいあるのか、債務《さいむ》（借金の返済義務など）はないか、加入済みの生命保険はないか等など。なかでも、ややこしいのが、取引銀行等からの残高証明書の取り寄せです。

被相続人が複数の金融機関に口座を持って資産を管理しているというケースは少なくありません。預貯金がある金融機関の情報を子どもたちに生前に伝えていればスムーズですが、それを共有していないと、「どこに、口座を持っていたっけ？」と、相続の手続きを始める際に子どもたちが悩むことになります。死亡時

の残高証明書の取り寄せをするにも、取引銀行がわからないと、まずはそれを探す作業から始まり、非常にタフな流れになってしまうからです。

そのためにも、遺言書を準備しようとしている人は元気なうちから、取引金融機関、契約中の保険証券、そして不動産登記済権利証などは、誰が見てもわかるように「見える化」しておくことが大切になってきます。

エンディングノートのようなものでも良いと思いますが、すべての大事な情報を一つにまとめて書いておくだけでも、遺された家族は、迷いません。遺品や遺産整理をする上で家族が困るのは「あれはどこにあるのだろうか」と、故人の荷物をさまようことです。

防犯上のリスクにはしっかりと対策しながらも、大事なものを一つの場所にまとめておくのも有効です。「大事ボックス」を一つ作って、遺言書とともに、金融機関の通帳、株券、関係書類、株式や債券、投資信託などの金融商品情報等などを入れておくのも手です。ただし、通帳と印鑑、カードと暗証番号のメモなどを一緒に置かないように2つに分けて管理しておくのがいいでしょう。

盲点は、アプリ上で契約した保険商品や金融口座です。せっかく加入している終身保険でも、保険会社に（指定された受取人が）申請をしなければ死亡保険金は入りません。待っていても入金はされないのです。知らずに申請をせず死亡保険金を受け取らないことになったら、これまでの払い済み保険金が水の泡となります。

逝く側は、相続人が困らぬように、誰が見てもわかるようにまとめておく。ここにあると伝えておく。これは凄く大切な「人生の棚卸《たなおろ》し」作業です。

お宝
生きているうちに、お宝整理

茶器とか骨とう品とか美術品とか、価値のあるもの・ないものにこだわらずに、お宝整理をしておかないと、遺された家族は大変です。箱入りのもので鑑定書付きとかであれば、「これはおそらく高価だろう」と遺された側でも認識できますが、無造作に保管しているものの中に「超お宝！」が紛れていた場合、最悪、「これ、要らないよね」と子どもたちに捨てられることもあります。

また、高価か否かで片付けられないもの、つまり思い入れのあるもの。そういうものも同じく、わかるようにしておかないと、粗末に扱われることもあり、残念な話です。

それを防ぐには、お宝を遺す側だけでなく、遺される側も等しく、ともに生前整理をすべきなのです。美術品なんかは、それぞれの趣味で集めていますから、家族にとっては、それが必ずしも趣味でないこともあります。終活の時点で、そこを確認して、「あ、子どもたちは要らないのか」と、手放す人は私の周りでもかなりいます。家族のためにと、敢えて現金化したり。

意外と「あるある」なのが、騙されて（？）購入したもので、本人の死後、意外と価値がなかった——、というようなケースです。そういう意味でも、手放せる覚悟があるのであれば、早めに骨とう品は処理した方がいいと思います。

もしどうしてもできない、まだその心の区切りがつかないという人は、せめてその品々がどれだけ価値があるのか、どれだけの思い入れがあるのか、家族に伝えておくだけでも良いと思います。実際に購入した時の金額などもおおよそわかっていれば、それを伝えておくことです。

また、誰かに思いを繋げるという意味で、親しい友人や、同じ趣味を持った家族や親族に、思いとともに品を委ねるというのも良いのではないでしょうか。

お宝整理は、家族間のとっておきのコミュニケーションの場です。その流れで、「遺言書も書いておく？」「そうしようか」となったら最高かと思います。

住まい

最後は家か老人ホーム、それとも?

できることなら自宅で最期まで暮らしたい、と思う人は多いと思います。日本財団が行った調査によれば、67〜81歳の親世代(当事者)に対して、人生の最期を迎えるのに望ましい場所について尋ねたところ、当事者の58・8%が「自宅」、次いで33・9%が「医療施設」を選んでいます。

一方、絶対に避けたい場所として42・1%が「子の家」、34・4%が「介護施設」となっています。また、人生の最期をどこで迎えたいのかを考える際に重視することについては、当事者の95・1%が「家族の負担にならないこと」を選んでいます。

最期まで住み慣れた我が家に暮らしたいと考える一方で、それが叶わない事情も多くあると思います。近くに暮らす子ども一家が急に転勤になり頼れなくなっ

人生の最期の迎え方に関する全国調査結果

Qあなたは、死期が迫っているとわかったときに、人生の最期をどこで迎えたいですか。

一番望ましい場所／67歳〜81歳の当事者

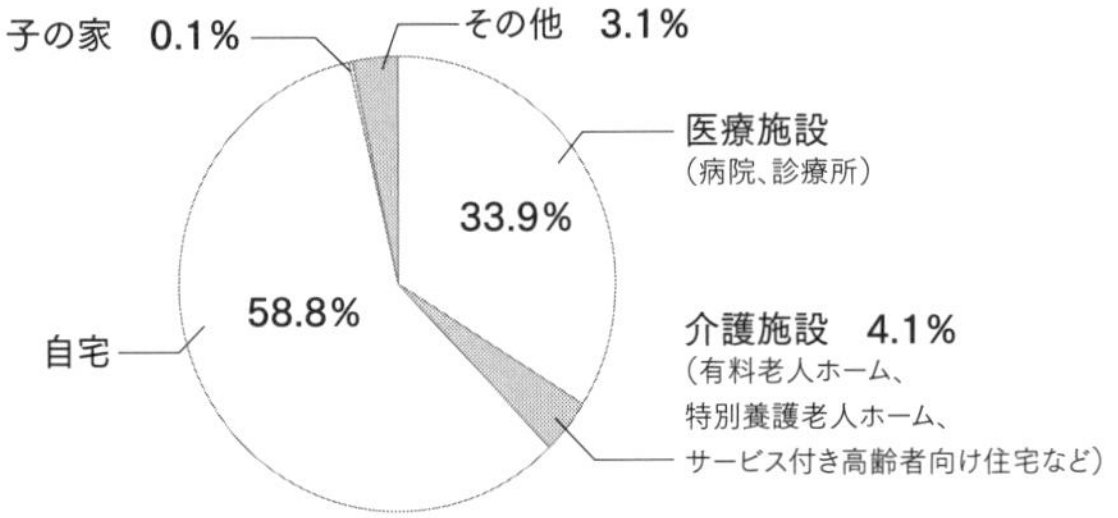

（日本財団「人生の最後の迎え方に関する全国調査」〈2021年〉）
https://www.nippon-foundation.or.jp/who/news/pr/2021/20210329-55543.html

た、とか、病気やケガにより一軒家での暮らしに限界を感じるようになった等など、こればかりはどうにもなりません。住まいを考えるにあたって、「施設」「賃貸」「不動産売却」それぞれを考えてみましょう。

施設

施設入所を検討している家庭も多いと思いますが、介護保険で受けられるサービスがこの先どのように変化していくか、正直なところわかりません。早い段階から決めておくのではなく、住まいに関しては、日々情報収集をして選択肢を広く持っておきながら、その時が来たタイミングで賢く決断する、というのが理想だと思います。

なぜなら、いつ自分の体がどうなるかわかりませんし、妥協も必要になってくるからです。ただしいつまでも先延ばしにするのは契約上のリスクが伴います。

賃貸

賃貸や売買であっても60歳で年齢制限の壁が出現します。入居審査が厳しくなってしまうのです。特に70歳からは思うような物件に入居できないリスクが高くなります。

不動産売買

不動産の売買にあたっては、国民生活センターにより、高齢者の不動産売却、特に自宅売却に関する注意喚起が行われています。

さらには、不動産を整理しようとして売買契約を締結したときに、高齢者である売主が、意思能力®のない状態だったとなれば、売買契約は無効となります。

これは、宅建業者側も意思能力®に疑いのある高齢者との取引には十分に気をつけないとなりません。

民法第3条2項には以下のように明記されています。

「**法律行為の当事者が意思表示をした時に意思能力を有しなかったときは、その法律行為は、無効とする。**」

裁判所が意思能力の有無を判断する際のポイントとして考えられる点

- 本人の年齢
- 契約締結前後の認知機能やその他認知機能に影響を与える疾病の状態
- 精神疾患の有無や重症度
- 認知症の程度
- 認知機能検査の結果
- 契約における動機や背景

・内容（契約や遺言）の重要性や難易度
・法律行為における結果を認識できるかどうか　など

ただし、認知症が疑われる場合でも「意思能力®」があると裁判所で判断される場合もあります。また、医療機関にて認知症と診断をされていても契約や遺言の内容によっては意思能力®があったと認定されるケースもあります。

意思能力®の低下は病気ではありません。従って意思能力®の程度やその有無は病院ではわかりません。しかし、その判定には認知症、老年、神経内科などの専門医の資格を有する医師による私的鑑定が望ましいと考えます。

意思能力®の程度やその存在をはかるという行為は、なんとなくでも勘でも経験でもないのです。売る側も買う側もリスクのある取引にならないような予防法務の知識を持たなければなりません。

2025年には認知症者数は約700万人となり、高齢者の約5人に1人が認知症になると予想されています。さらに認知症予備軍（軽度認知障害・ＭＣＩ）も入れると「認知症１３００万人時代」を迎えるとも試算されています。

この大認知症時代の中にいて大切な家族のために個人個人がトラブルのリスクを回避するには、兎にも角にも計画性のある準備を。50歳を過ぎたら老後の住まいを考え始め60歳を目前に選択肢を絞り70歳になる前には「終の棲家」が決まっている。というのが理想的だと考えます。とにかく、何の準備もせずにその時がくるのを心静かに待たれても家族が困ってしまいます。

その他

仲直りイベントを実行

同じ親に同じような環境で育てられたきょうだいであっても、何年も経ち、それぞれが選んだパートナーと違う場所でそれぞれの習慣で生きていくと、価値観や考え方も変わっていくものですし、違って当然です。大人になってから仲が悪くなってしまう。これは残念なことですが、めずらしい話ではありません。

また、親が離婚して再婚をしていくつかの家族を持っているといった、関係が複雑な方も多いです。すべての家族の仲を取り持つ方法はこの世の中に存在しません。しかし、それでも、争族の防波堤と言える親がまだ生きていれば、きょうだいの関係修復の望みはあると私は考えています。

そこで私が勧めたいのは、開かれた対話の時間を作るということです。世界では2023年に、59の紛争が起こっていて、第二次世界大戦以来最多。

世界の紛争と家庭内の紛争を同じ土台で考えることはできませんが、参考までに話すと、ある学者は「戦争」の反対は「対話」であると言い、コロンビアのノーベル平和賞受賞者フアン・マヌエル・サントス大統領は、対話によって戦争は解決できると述べています。家族では血の通ったコミュニケーションができるべースがすでにあります。

敬老の日とか誕生日に、子どもたち家族と食事をする。孫を交えて、子どもの日にしてもいい。そういうお祭りの日に、きょうだいが集うイベントランチ（ディナーでも）をすることで、親族間のコミュニケーションを底上げしておく。そういう機会を重ねていけば、きっと仲の良くない家族であっても、少しずつ相手を知る気持ちが生まれていくのではないか、と私は思います。

とはいえ、せっかく企画をしてもきょうだいが不仲であればあるほど、「いや、うちは行かないよ」と反対する子ども家族もでてくるかもしれません。

でもそこで諦めることなく、親の責任として、何度も挑戦してほしいと思います。

それは、「争族防止」のために親がやるべき作業の一つ。子どもたちへの最後の教育、と言えるかもしれません。

第5章

生活習慣病対策で認知症は遠ざけられる

人はなぜ病気になるのか

なぜ老化が起きるのか。これにはさまざまな説があります。

DNAやRNA、たんぱく質の合成過程でエラーが生じて、その蓄積によって引き起こされるという老化理論が「エラー説」、他に、細胞の代謝で、老廃物が細胞の中にたまり、細胞の機能が低下することによって起こるという「代謝調節説」、フリーラジカル（遊離電子をもつ分子）が活性酸素になり、活性酸素がたんぱく質や核酸などに障害を与えて、この蓄積が細胞機能を低下させて老化を引き起こすという「フリーラジカル説」、老化が遺伝子にプログラムされていると考える「プログラム説」、細胞分裂の回数を規定する染色体の末端にあるテロメアによって老化が決まるという「テロメア説」等など……。

これまで多くの学説が取り上げられてきましたが、現在はこれら学説全体を括るような統合理論が模索されています。

これらの老化の理論として私たちが対処できそうなものが、フリーラジカル説です。生きていく上で必要な酸素であっても、一部はフリーラジカルとなり、細胞の働きを低下させてしまい、これにより、老化が起きてしまうというもの。

では、どうすればこの老化に抗うことができるのか。鍵となるのはＳＯＤ（スーパーオキシドディスムターゼ）とよばれる体内や細胞内で発生する活性酸素を分解してダメージを防ぐ酵素です。ＳＯＤは、細胞内の細胞質やミトコンドリアに多く存在しています。ヒトを含む霊長類はこのＳＯＤの活性が高いために寿命が長いと言われています。

ただ、年齢を重ねると、この活性が弱くなってしまい、40代になると全盛期の半分ぐらいになります。だから40代以降は代謝力も落ちて、太りやすくなる。生活習慣が引き起こすさまざまな病気にかかりやすくなる。それが、がんや認知症などです。40代で生活習慣病に、早ければ50代でがんになる。これはＳＯＤの活性が落ちるからです。つまり「さび」が原因だと考えられています。

体のさびを予防するためにも、ＳＯＤの活性を高めれば、老化が引き起こす病を遠ざけることができます。体内で減るのであれば、外から取り入れるしかないのです。抗酸化酵素であるＳＯＤ酵素を豊富に含むルイボス、大豆、米胚芽などやサプリメントを摂取したり、活性をサポートして、酸化ストレスを軽減するのに役立つ食材（トマトやニンジン、サツマイモやホウレンソウ）などを食べたりするのも良いと思います。

ポリフェノールが豊富な赤ワイン、カカオ、緑茶などを日常的に飲むというのも、とても良いと思います。ただし防腐剤が入っている商品もありますので何事もほどほどに、が大切です。

「水素」の摂取もおススメです。

特に分子状の水素は、抗酸化作用と抗炎症作用があることが多数の研究結果で明らかにされています。水素分子は、ＤＮＡや細胞膜、たんぱく質を傷つけ老化の原因となる最も有害とされる、活性酸素「ヒドロキシルラジカル」（や「ペルオキシ亜硝酸」）に直接反応し、それを無害化する働きがあります。これと唯一戦ってくれるのが水素なのです。抗酸化のため、病気予防のために何から始めたらいいかわからないという人は、まずは水素から始めるのが良いです。

水素をお勧めすると「水素水は？」と聞かれます。国民生活センターでは、水素が含まれていなかった製品があったと報告しています。また、水素は水に溶けるが、溶解度は低く、ごくわずかな量しか溶けないのが特徴です。やっているだけで安心してしまう気持ちもわかりますが高価な商品もありますので十分な判断の上で検討されてください。

話を体のさびに戻します。さびが起こり始めると私たちの体の中は炎症を起こし始めます。炎症は鎮静化されずにどんどんと体に負担を与えていきます。このように体のベースが炎症している状態でどんなに良い食事やサプリメントを摂取しても期待する効果は得られません。

これはお肌にも同じことが言えると思います。肌が荒れていたら、どんなに良い化粧品を使っても、メイクの乗りは悪いですよね。

体の中は見えませんが、できるだけ酸化を止める状態、つまり体内に炎症というストレスを与えない状態で、何かをするというのが大事です。

生活習慣病である糖尿病や脂質異常、そしてがんや認知症に子どもや若い世代の人が罹患しない理由の一つには、このSOD酵素に守られているからと言われています。

生活習慣病の予防は、認知症予防に直結している

福岡県久山《ひさやま》町で行われた認知症の疫学調査、久山町研究というのがあります。これは1985年に65歳以上の全高齢住民を対象とした認知症およびADLの有病率調査を皮切りに、1992年、1998年、2005年、2012年にも行った追跡調査です。その結果、中年期および老年期の**高血圧**は血管性認知症発症の、**糖尿病**は主にアルツハイマー型認知症の危険因子であることがそれぞれ明らかになりました。

認知症予防に繋がる食事については、大豆・大豆製品、緑黄色野菜、淡色野菜、藻類、牛乳・乳製品の摂取量を多く、果物・果物ジュース、芋類、魚の摂取量が多く、酒の摂取量が少ないという傾向も見られました。

また、一定の摂取カロリーの中で、米（ごはん）の摂取量を減らして予防効果がある他の食品（おかず）の量を増やす食事パターンが良いということもわかりました。牛乳・乳製品の摂取が、アルツハイマー型認知症と血管性認知症の発症リスクを抑えるということも明らかになっています。

このような追跡調査結果を見ると、**野菜中心のバランスの良い食事をとることが、認知症予防に繫がる**ということがわかります。そしてそれはまさに生活習慣病予防と同じです。

世界的に有名な医学誌『ランセット』が2020年に発表した「認知症の12の危険因子」の中にも、「高血圧」「肥満」「運動不足」「糖尿病」が入っています。この12の危険因子は、非常に興味深いので紹介しますね。年齢別に認知症のリスクがこう列挙されています。

45歳未満：教育不足
45〜65歳：難聴、頭部外傷、高血圧、過度の飲酒、肥満
66歳以上：喫煙、うつ病、社会的孤立、運動不足、大気汚染、糖尿病

働き世代の45〜65歳の間に、タバコを吸い、お酒を沢山飲んで、太り気味。そ

して血圧も高いという方は、将来の「認知症危険地帯」にいると思った方がいいと思います。

生活習慣病が認知症に繋がるというのはなかなか結び付かないかもしれません。体の中の変化は目に見えませんが、悪しき生活習慣がじわじわと生活習慣病という病気になり、加齢も手伝って脳の中にまでダメージを与えているということに気づいてほしいです。

認知症の予防には生活習慣病予防が適している、ということを示す研究で最も有名なのは、２００９年から２０１１年にかけてフィンランドで行われた「FINGER STUDY」というものです。この研究は、食事と運動の指導、生活スタイルの指導に認知トレーニングなどの４つの介入を同時に行った結果、軽度の認知機能障害の進行が抑制されるということを世界で初めて証明しました。

対象となったのは、認知症のリスクがやや高いとされる60歳から77歳までの高齢者１２６０人。行った「４つの介入」のうち、食事と運動内容は以下です。

食事：フルーツや野菜、全粒穀物製品や低脂肪乳、肉製品などを摂取。魚を少なくとも週に2回摂取。

運動：週1〜3回の筋力トレーニング、週2〜5回の有酸素運動。加えてバランストレーニング。

また、前出の愛知県大府市や福岡県久山町の例をはじめ、日本においても認知症予防に関するさまざまな取り組みや研究が多くなされています。

腸内の環境を整えて認知症予防

脳腸相関《のうちょうそうかん》あるいは腸脳相関《ちょうのう》といった言葉で、近年は脳と腸が相互に関わっていることが解明されてきました。私が信頼する佐藤俊彦《さとうとしひこ》先生（宇都宮セントラルクリニック理事）も、ガットブレインコネクションという言葉を使い、「腸は第二の脳」と話しています。

医学の父であるヒポクラテスは、〝すべての病気は腸から始まる〟という格言を残しました。ヒポクラテスは紀元前5世紀から4世紀に生きた医師の祖と言われる人物です。この時代からすでに腸という器官が人の体を形成する上でとても重要な臓器だということが言われていたということです。

また慣用句にも、「はらわた（腸）が煮えくり返る」とか「はらわた（腸）を断つ」などがあります。ここで言うところのはらわた（腸）とは精神、つまり脳であるということからも、昔から脳と腸は会話ができる器官と考えられていたことがわかります。

2000年代に入ってから腸内細菌の研究が進み、腸と脳の相関関係が広く認識されるようになりました。脳と腸は自律神経を通じて情報を交換していること、腸内で作られるホルモンが脳に影響を与えるということ、腸内細菌が免疫細胞に働きかけて、免疫機能を高めるということなどです。

腸内細菌は脳のストレス反応を抑制する役割を果たしていて、腸内細菌のバランスが崩れると認知症になるリスクが高まると言われています。

国立長寿医療研究センターは2019年、軽度認知障害（MCI）と腸内細菌の関連についての研究成果を発表しています。もの忘れ外来の患者から便検体を集め、腸内細菌と認知機能との関係を調査したところ、軽度認知障害の患者は、腸内細菌の組成が認知機能が正常な人と比べて大きく異なることが判明。

特にバクテロイデスという腸内細菌が有意に多いことが軽度認知障害と関連していたとしています。この腸内細菌の変化が認知症になる前から生じていたことを示したこの研究発表は注目を集めました。

また、腸漏れ（リーキーガット）症候群という疾患があります。腸の粘膜が損傷し、腸内の有害物質や未消化の食物粒子が血流に漏れ出すことで起きる全身の炎症のことで、さまざまな症状が出ます。腸のバリア機能の低下が、全身に悪影響を及ぼすからです。

アルツハイマー型認知症の研究で有名であり、認知症治療法「リコード法」を提唱する米国のデール・ブレデセン博士は、この腸漏れ症候群がアルツハイマー型認知症の原因の一つだと述べています。腸から漏れた「細菌」が脳に悪影響を及ぼすからだというのです。

パーキンソン病やうつ病、肥満や糖尿病、アレルギー、炎症性腸疾患なども、腸内細菌と密接に関連していると言われています。腸内細菌のバランスを整えることは、認知症だけでなく脳に関連する多くの疾患の予防や対策になるということだと思います。やはり、脳と腸は密接に繋がっているのですね。

これからの認知症予防の切り口の一つが「腸内細菌」であるということ。私も大変興味深く受け止めています。環境や生活習慣によって変化する腸内細菌。なるべく良い状態にして、腸から心も体も健康になりたいものです。

難聴と認知症リスク

加齢性の難聴は認知機能への影響が非常に強いとされています。

脳には機能局在《きのうきょくざい》というものがあります。脳の各部位が特定の機能を持っています。大脳（前頭葉、頭頂葉、側頭葉、後頭葉）、小脳、脳幹《のうかん》、大脳辺縁系《だいのうへんえんけい》（海馬、扁桃体《へんとうたい》など）……それぞれに働きがあります。

たとえば、前頭葉は理性や社会性、それから運動機能。頭頂葉は触覚、後頭葉は視覚、側頭葉が聴覚をコントロールしています。聴力の低下が起こると、脳内では、言語理解や視覚などを司る他の分野が、聴覚を処理していた脳領域を補おうという働きをします。喪失した他の感覚を代償しようとする脳の働きによって、認知機能に深刻な悪影響を及ぼす恐れが指摘されています。

要するに、脳に負荷がかかり、認知症へのリスクが高くなるということです。難聴により使われなくなった脳の聴覚領域は細胞が萎縮していると見られています。

聴くという行為は、脳内では、聴覚野《ちょうかくや》を働かせ、言語理解（ウェルニッケ野《や》）を活発化し、高次の意思決定を前頭葉で行い、言語（ブローカ野《や》）にします。これらの刺激が途絶えることは脳への刺激が薄れるということにもなります。

もう一つ。社会的な孤立による、認知症への悪影響です。聞こえない生活は、コミュニケーションが難しくなることもあり、それによって社会的な繋がりが減っていくこともあります。もしも自分に合った補聴器があればできるだけ利用して、人との交流を続け、孤立しないように、人と話す機会を絶やさないようにしていくことが大切です。

今は「聞こえない」を助ける便利な道具があります。たとえば、テレビの音声を手元で大きくする、テレビ用音声増幅器のようなデバイス。周囲の人に迷惑だからとテレビの音量を大きくせずに聴こえないままでいるよりも、こういったデバイスを活用して「聞こえる世界」をなるべく維持することは脳への刺激を続けることになり、有効だと思います。自分に合った補聴器を適切に使用すること、定期的な聴力検査を受けて、難聴の早期発見と対策を講じることも大切だと思います。

認知症のリスクを下げるのは、適度な睡眠時間

日本人の睡眠時間は6時間から7時間が多く、OECD（経済協力開発機構）の2021年の調査報告では、加盟国30か国中ワースト1。寝不足による経済損

失は18兆円に上るとも試算されています。前述の「久山町研究」は生活習慣病だけでなく、世界初の認知症の追跡調査を行うなど、国内外から注目を集めていますが、睡眠時間と認知症のリスクについても興味深い調査結果を示しました。

日本では「睡眠負債」という言葉とともに、「睡眠時間が短いのは体に良くない」として、メディアでも多く注目されてきましたが、実は長すぎるのも良くないということもわかりました。

60歳以上の人を最長10年の追跡期間で分析したこの調査研究結果によると、1日当たりの睡眠時間が、5時間以上7時間未満の参照群に対し、5時間未満の人は認知症のリスクが約2・64倍に増加、10時間以上の人も認知症のリスクが約2・23倍に増加していました。

結局、認知症のリスクが最も低い睡眠時間は、1日あたり5時間〜7時間未満ということでした。

海外にも、認知症のリスクと睡眠時間に関する調査結果はあり、中年期（50、60歳）の夜間の睡眠時間が1日6時間以下であると、認知症の発症のリスクが高いということも示されています。これはイギリスの成人約8000人を25年間追跡調査した最新の研究結果によるものです。

改めて中年期というのは、生活習慣病対策と良質で適度な睡眠時間の確保が大切なのだと、思います。

究極のアンチエイジングフード

究極のアンチエイジングの食材の一つに、**トマト**があります。トマトに含まれるリコピンは、カロテノイドとよばれる物質の一種で抗酸化作用があるとされています。活性酸素を除き、美肌作りにも一役買います。動脈硬化やがん予防、高血圧の予防にも良いです。

パプリカも抗酸化力の高い食材です。赤色のパプリカは、トマトの100倍も抗酸化力が高いとの説もあります。赤色パプリカには、カプサンチンという成分が含まれ、血液サラサラ効果も期待できます。

ポリフェノールたっぷりのワインもいいですね。ブドウやブルーベリーに含まれるアントシアニンは強い抗酸化作用があります。白内障や緑内障などの疾患対策にも良いとされています。

フランス人に認知症の人が少ないというのは、ワインを飲んでいる人が多いから!? とまことしやかに言われていますが、妙に納得です。彼らは水代わりにワインを飲んでいますからね（笑）。カカオと抹茶も脳のスーパーフードとして有名です。日本人は緑茶を日常的に飲みます。

国立長寿医療研究センターの老化疫学研究部によれば、緑茶の摂取が1日1杯未満のグループに比べ、1日に2〜3杯あるいは4杯以上のグループでは認知機能の低下リスクが約30％低下していたといいます。これはつまり、緑茶を1日に2杯以上飲んでいる人は、ほとんど飲んでいない人に比べて認知機能が下がりにくいという結果です。同発表によると、緑茶に含まれるカテキンなどの豊富なポリフェノールによる抗酸化作用や抗炎症作用、動物実験によるアミロイドβの蓄積を抑える作用などが報告されています。それだけでなく、お茶を飲む時の環境、つまり社交性の高さも関連している可能性があるとしています。

β－カロチンが豊富な緑黄色野菜などの「ビタミンA」、野菜や果物、イモ類の「ビタミンC」、ナッツ類やカボチャなどに豊富な「ビタミンE」、いわしやサバ、牛肉、豚肉に含まれる「コエンザイムQ10」等など日頃食べるものを抗酸化の作用が高いものに置き換える。こんな習慣づけをするだけで、何年後かに良いリターンをくれるかもしれません。

とはいえお惣菜やお弁当などの中食《なかしょく》や外食の多い現代人ですから、栄養補助的にサプリメントを取るのもおススメです。

ストレスコーピングで、たくましい心を作ろう
～ストレスとは闘うな！～

ストレスとの向き合い方もとても大事です。

概して、日本人はストレスをためやすい傾向が強いです。

私が知る限り、リスクマネジメント力が高すぎる人、基本的にネガティブシンキングの人は、やっぱりストレスを非常にためやすい。真面目な人ほど日常生活上でもリスクを考えて生きていますが、〈ま、なんとかなるでしょう〉という少し開き直りともいえるような、緩い思考がストレスを遠ざけます。

この**「物事をポジティブに変換するポジ変」**というものは、認知症だけでなく、がん対策にも必要だと思います。

もともとの思考のクセを変えていくのはとても難しいと思いますが、私が提案するやり方の一つが「対象のすり替え」です。起きてもいないことや、変える事のできないこと、つまり考えても仕方のないことを過剰に心配してしまうその時間とその思考の対象をそっくりそのまま他のことにすり替えてしまう、ということです。

「考える時間そのもの」を別の作業にすり替えるというのも良いですし、旅行の予定を立てるといった、心が自然とワクワクするようなことに変えてしまう、つまり「思考の対象」を別のものに変える、というのも良いと思います。

おそらく、危機管理能力が高く、まじめでストレスをためやすい人にとって、「考えないようにする」というのは、難しいと思いますが、対象をすり替えるぐらいだったらできませんか？

たとえば不安になったり、腹が立ったりした時には、その思考から離れるために、好みの映画を見る、犬の散歩に行く、ペットの写真を見る、楽しかった思い出の詰まった旅行写真をもう一度見る等など。それぐらいであれば、すぐにできるのではないかな、と思います。

その瞬間は、たとえ短くてもそれを繰り返すことで、「あーだめだ」「あー不安だ」という負の思考スパイラルから、少しずつ脱却できるような気がします。

一番ダメなのは、考えに固執してしまうこと、考えても解決しないのに、ただそれを考え続けるということです。

そうわかっていても考えざるを得ない。その気持ちは私も経験があります。焦りや動揺が強ければ強いほど考えてしまいます。でも考えている時間は、自分のエネルギーも加速度的に低下していきます。それにより、さらに負のスパイラルに傾いてしまうこともあるのです。

考えても解決しないことを考え続けてさらによろしくない方向にいったら、とても残念です。それこそ、負の連鎖にどっぷりつかってしまいます。
手放せないのならば、思考をごまかしましょう。楽になりましょう。笑顔になりましょう。

しかし、自己啓発って、難しいですよね。習慣づけるということが大事なのだと思います。良い生活習慣を身に付けるということは、肉体的にも精神的にもメリットは大きい。最初の一歩、また次の一歩、地道な一歩が積み重なって、人は変われると思います。

第6章

コレカラのこと

死ぬ前にやっておくべきこと
〜自分史の作成で人生振り返り〜

これまで、相続をメインに話をしてきましたが、生きているうちにやっておくべきことで、私がお勧めしたいのが、「自分史の作成」です。

生まれてから今に至るまで、どんな人生を歩んできたのか、1冊にまとめておくのです。今は、「自分史」用のノートなど市販のものも沢山ありますし、書き方をまとめた本も多数あります。

中には、年代史と一緒に書き込める自分史ノートもあります。その年に起きた出来事などと照らし合わせながら、あぁこんなことがあったなぁ、と自分のこれまでの人生を振り返ることができます。人生を折り返した今だからこそ、冷静に受け止めることができるものです。

記憶の糸をたぐることで、脳も活性化します。写真も貼れば、立派な自分史ブックのような仕上がりになると思います。

これは人生の集大成の作業であり、生きた証となります。作成することにも、遺すことにも意味があると思います。遺された遺族が、「こんなことがあったんだ」と、故人をしのぶツールとして活用することもあるでしょうし、人生で大切にしてきたものがわかっていけば、遺品の整理をする際に役立つ場面もあると思います。

もっと良いのは、遺伝性の病気のリスクを確認することもできることです。よく、担当医からこの病気の人が身内でいましたか？ と尋ねられた経験があると思います。自分史にそれを記録しておくことは情報の継承になります。

一人で生きてきた人なんて、一人としていません。みんな家族や友人、知人など多くの人に支えられて生きています。自分史というものには、その人の人生に関わった人々の話が必ず入ってくるので、家族や近しい友人などにとっても、凄く貴重で、読み応えのある大切なものになること間違いナシです。

ぜひ、あなたのライフヒストリーを1冊にまとめてみてはいかがですか？

大事なメッセージも中に入れておけば、エンディングノート代わりにもなります。

138頁でも、「お宝整理をしておきましょう」というお話をしましたが、もしそういった終活ができなかったとしても、自分史ノートに、自分の大切なものとか、捨ててほしいもの、遺してほしいもの等を記しておけば十分です。

また、自分史に、「死んだあとのお願い」を書くのも良いと思います。

葬儀にはこの曲をかけてほしいとか、棺にはこれを入れてほしいとか、お供えにおいてほしいもの等など……。

「こうだったらいいなぁ」という願いを、気軽に書きましょう。

あなたが作る、あなただけの最後の自分ノートです。手書きでゆっくりと、丁寧に書く時間がとてもいとおしいものになると思います。

圓井から一言

遺言書も大切だけど……、自分史も作っておきましょう。

大事なのは、愛のあるコミュニケーション
～大切な人と思い出旅行も◎～

日頃からコミュニケーションが十分に取れている家族の場合は、相続で揉めることはまずないというのが私の持論です。もちろん、人生の一大事ですから、色々なことが起きます。互いに多少の主張のすり合わせや、折り合いをつける必要性などは出てくると思います。でも、根本的に相手を理解し受け入れているので、必要以上に批判したり、腹が立ったりしないものです。

そういう人間関係を日頃から構築しておくこと。これが一番シンプルで、効果

的な相続対策です。もし、家族間で大きな問題を抱えているとしても、意思の伝達をしておくことで、問題になった際にも家族の溝を最小限に留めることができるかもしれません。

「垣根」は相手が作っているのではなく、自分が作っている（アリストテレス）。

という名言もありますね。

きょうだいであれば、小さい頃は共に遊び、寝食を共にし、助け合い、高め合ったはず。親子ならば、自分の体の一部のように、繋がっていた時期もあったはず。月日を経て、環境も変わり、「相手のことがわからなくなった」と感じたとしても、ほんのちょっとの努力で、わかり合える関係性も少なからずあると私は思っています。

最初から相手を否定するのではなく、いったん受け入れて、その上で相手の思いを想像して理解する。その努力を習慣的にして、それでも繋がらなかったり、わかり合えなかったりしたら、周囲の力を借りて、他の人を巻き込んだり場面を移したりして、理解し合える機会を気長に作るというのも一つの方法かと思います。

旅行もいいと思います。大切な親や子どもと、あるいはきょうだいで、懐かしの思い出のある場に足を運んで、新たな思い出を作る旅をしてみてはいかがですか?

圓井から一言

遺言書も大切だけど……、忘れられぬ思い出旅行をしましょう。

家族の立場になって考えた時、最高の遺言書ができる〜思いの相続〜

遺言書を作る人のほとんどが、無意識に思考の中心を自分に置いていると思います。

自分が作った資産を守るために、自分が持っている財産を自分の死後引き継いでもらうために、残された家族に対して「こうしてほしい」と、自分の主張をまとめます。おそらく皆さん、「自分軸」で物事を決めて行っていると思います。

しかし、あなたが遺そうとしている価値観と遺される側の価値観は必ずしも同じではないのです。たとえば、大切にしている掛け軸があるとします。有名な日本画家の作品で非常に高価なものです。ですが、相続人である子どもは「掛け軸は家には似合わないし飾る場所がないから持っていても宝の持ち腐れ」と思うかもしれません。

このように思考の軸を家族に置き換えて考えた時に、相続に対して、違った発想に目をやれる自分がいると思います。というのは、家族側の視点で、その相続のメリットや、デメリットを考えるようになるからです。抽象的な表現かもしれませんが、家族全体を物語の中心人物に置き換えた時にどうなのか、という見方を足してもいいと思います。

そうすると、おのずと「家族を理解しよう」という気持ちが強まり、コミュニケーションが活発になると思います。あるいは色々な人々に思いが寄せられて、広い視点でも相続について考えられるようになると思います。それにより「家族を主人公にとらえた、最高の遺言書」というものができると思います。

遺言者は、資産を「遺していく側」ですから、自分が中心人物であるべきではないと私は思います。相手（家族の誰かですね）が必要かどうか。相手がどう思うか。相手の気持ちになってさらに考えるようになります。

相続に正解はありませんが、こうすることで、正解に近いカタチというのはとれるのではないでしょうか。それが、この「視点の変更」の狙いでもあります。

遺言書というのは、それだけ重いものなのです。

私は、40代の時に自筆証書遺言を作成しました。

今となっては、書いた内容をほとんど覚えていません。なぜなら、一般的な法定相続分に沿った内容で財産分与を決めたからです。しかし、その時、車について書いたことだけを今でも鮮明に覚えています。自分の思いをのせたことで遺言書に私の思いが宿りました。

母親が亡くなった時、私は母の遺した遺産で、何か母に繋がる形を残したいと思い、とある母とのエピソードを思い出し、車を購入しました。それを息子に譲ると書いたのです。なぜ長男を指定したのかにはちゃんとした理由があります。一つは、父が亡くなった時に形見となった父の車を私が引き続き乗っていて悲しみの中にいても父との繋がりを感じられたこと、そして私と母の間におこった内緒の出来事の経緯の上です。

ただ、先述したように私は託したくても遺される長男には無用の長物かもしれないとも考えました。ですが、完全なわがままだけど、できれば乗ってもらいたい！　売らずに乗りつぶしてほしい。こうやって遺言書に思いを書いたことでようやく遺言者としての単なる行為ではなく、私らしい内容になって彼らに届く感じがしました。

きちんと意思の伝達ができれば、長男にあって長女にないもの、逆のものも残された家族は理解を示してくれる。もしくは気持ちを収めてくれるのではないかと思うんです。遺言書の魅力は付言事項にこそあります。たぶん、うちの子どもたちは大丈夫。そう信じています。

さぁ来年は父の享年に追いつく年齢、私は遺言書を作成し直す予定です。父が逝った年まで病気もせずに健康で、頑張って生きようと、「52」を目標に突っ走ってきました。ご経験がある方はおわかりになるかと思いますが、自分が親の享年を超えていくというのは、なかなか感慨深いものがありますね。時々思い出します。あの時、父はどんな思いだったんだろうか、と。

膵臓がんで急逝した父。当時は未告知や半告知というのが常だった時代。

父の「あと、どれぐらいだ？」の問に、私は正直に「あと3カ月」と答えてしまった。なぜそうしてしまったのか、今もわかりません。あれから約20年経ちましたが、本当にあれで良かったのか、と自問したり、時に悔やんだりの感情を重ねて生きてきました。

とても事業に精力的だった父の背中は沢山見てきたのに、父が私たち家族に遺したのは思い出という日増しに薄れてしまうぼんやりしたものだけ。父は元気だったら何をしたかったのかな。病気になってからは私たちに何を望んでいたのかな。教えてくれたら、代わりに私が成し遂げたのにな……。私はあれからずっと亡き父に心の中で問いかけを続けています。

そういう体験もあってか、自分の子どもたちには私の人生に関わる決断で、悩んだり困ったり、迷ったり、気持ちをいためることをさせたくないと思います。だから私は第二遺言のときも遺言書に思いを遺します。

「自分がいなくなった後でも、できるだけ家族がベストな状態で、私が悔いなく今を生きていることを言葉として伝えられるように」それが人生で最も大きな取引である大切な遺言書だからです。

圓井から一言

相手の立場に立った遺言書を、愛を込めて作りましょう。

おわりに

人一人が生まれてから亡くなるまでいったいどれだけの数の人がその人の人生に関わり助けたり、助けられたりしているのか、考えてみたことはありますか？人は気が付かないところで、誰かの言葉や行動で助けられたり、またどこかの誰かを助けたりしています。

私もこの本を通して誰かの人生設計のお役に立てることができたら嬉しく思います。

家族は多世代の集合体ともいえます。昭和、平成、令和生まれという世代間のコミュニケーションが交流する場所です。

社会においては、X・Y・Z世代が組織や事業を通した関係性があります。

生きてきた時代背景が違うと、価値観も違って当然です。それがいいとか悪いとか、「私の若い頃は」なんていうのは手前勝手なものです。

昭和にはなかった物で溢れている令和の時代に、逆に昭和レトロを楽しむZ世代。

多世代でうまく付き合うには、異なっている環境があるということを前提としながらも互いの意見を尊重することしかありません。

親子やきょうだい、親しい知人であっても、なんとなくわかっているだろうと考えるのではなく、きちんと互いの意思を伝え合うコミュニケーションが、とても大切だと思います。

そうやって、しっかりとコミュニケーションがとれていて、日頃から交流が絶えずに理解しあえている家族は争いのない相続が約束されています。相手を思いやれる優しさや、相手を理解しようとする力や思いが、愛に溢れた魅力的な人や運を引き寄せ、豊かな人生へと導かれていくことでしょう。

遺言書は世代の違う人に、最後に託していくものです。世代を超えて人を思い、コミュニケーションをとっておく。

これこそ生きているうちに、家族のため、社会のためにできる最高の作業です。

最期の言葉なんてものは、生きてるうちに言いたいことを全部言わなかったバカ者どもが口にするものだ。――マルクス

優しい言葉をかけるには、お金も時間もいりません。にもかかわらず、優しい言葉は多くの事を成し得ます。

最後に、この本を出版するために協力をしてくれた皆様に感謝しています。

医療監修では佐藤俊彦先生。法律監修では西川基子先生。ありがとうございま

した。

皆様、本当にありがとうございました。

２０２４年秋

メディカルリサーチ株式会社代表取締役

圓井　順子

◆◆◆ 付録 ◆◆◆

メディカルリサーチ社が行う「意思能力®鑑定」とは

高齢者の判断能力を評価するサービス。遺言書を作成する際にその内容が「有効」であることを確認するため、あるいはその有効性を巡った争いを未然に防ぐためなどに、依頼を受けて行う。遺言書だけでなく、負動産の売買や任意後見人契約など、重要な契約を結ぶ際にも、その人に適切な判断を下せる能力があるかを確認するために依頼を受けることもある。
鑑定は、専門医が医学的な見地から評価を行い、その結果を「医学鑑定書」として提供する。

詳細は、メディカルリサーチのHPをご参照ください。
https://medicalresearch.co.jp/

〈著者プロフィール〉
圓井順子（まるい・じゅんこ）
メディカルリサーチ株式会社　代表取締役
兵庫県生まれ。地元の短期大学卒業後に他業種へ就職するも、看護師になる夢を追い、25歳で看護専門学校へ入学。卒業後は看護師の免許を持ちながら、病院の立ち上げなど医師と経営者の橋渡し役を務める。2016年、メディカルリサーチ株式会社代表取締役に就任。2022年、認知症予防と未病ケアのためのサプリを展開する、株式会社BodyVoiceを設立し、高齢化社会の課題に医療面での貢献を目指して活動している。

遺言適齢期
予防医療と予防相続で争続は防げる

2024年12月5日　第1刷発行

著　者　圓井順子
発行人　見城 徹
編集人　福島広司
編集者　宮崎貴明

GENTOSHA

発行所　株式会社 幻冬舎
〒151-0051　東京都渋谷区千駄ヶ谷4-9-7
電話　03(5411)6211(編集)
03(5411)6222(営業)
公式HP：https://www.gentosha.co.jp/
印刷・製本所　株式会社 光邦

検印廃止

ISBN978-4-344-04384-8　C0030

この本に関するご意見・ご感想は、
下記アンケートフォームからお寄せください。
https://www.gentosha.co.jp/e/